엄마표 발도르프 자연육아

아이 내면의 힘을 키우는 근본 육아법

이소영 지음

동 대안학교인 '슈타이너학교'를 시작했을 때 교사로 함께 일했던 사람이 바로 이 책의 저자인 이소영 선생님입니다. 딱 20년이 지난 지금의 시점에서 돌이켜보니 이소영 선생님은 엄마로서, 장애아동을 교육하는 특수교사로서 좀 더 나은 사람, 사회에 조금이라도 기여할 수 있는 사람으로 자리매김하기 위해 부단히 움직이고 노력하는 사람이었습니다. 선배로서, 특수교육 동지로서, 혹은 양평지역의 주민으로서, 아는 것을 실천하며 살아가는 그녀의 모습에서 배울 점이 늘어만 갑니다. 그런 사람의 삶에서 나오는 언어는 거짓일 수 없습니다. 꼭꼭 눌러 썼을 것 같은 문장 하나하나가 생생한 삶의 모습으로 그려집니다. 어렵지 않은 문장임에도 깊은 설득력이 느껴지는 내용입니다.

'가장 자연스러운 것이 가장 아름답다'라는 말이 있습니다.

자연의 일부로서 인간을 이해하고 자연스러운 환경에서 두 아이를 독립 육아로 키워낸 이야기는 참으로 아름답습니다. 미래에 대한 두려움에 갇혀 결혼과 육아가 젊은이들의 선택지에서 멀어져가는 암울한 오늘 대한민국 사회에 용기를 주는 소중한 육아 체험기입니다. 그 어떤 것과도 비교할 수 없습니다.

인지학과 발도르프 교육을 이론으로 알고 이해하는 것을 넘어 실제로 자신의 삶 속에서 살아낸 그녀의 실천기록이 바로 이 책 속에 고스란히 담겨 있습니다. 저자의 '엄마표 발도르프 육아 실천기'는 이 시대 아이를 낳아 기르는 초보 엄마들의 보석 같은 시금석이 될 것을 믿어 의심치 않습니다. 벌써 머릿속에 이제 막 아이를 낳아 엄마가 된 젊은 엄마들에게 이 책을 선물하고픈 마음이 앞섭니다.

장애인거주공동체 양평캠프힐마을 대표, 전 양평슈타이너학교 대표교사 **김은영**

훌륭한 유아교육 지침서

먼저 아이를 키우는 엄마의 모범 지침서 『엄마표 발도르프 자연육아』의 발간을 진심으로 축하드립니다.

루돌프 슈타이너는 유년기 아동의 발달을 설명하며 '생명의 힘'(오늘날 '활력'이라고 부르는 것)이 신체 기관 안의 성장과 변화를 가져오고 생명을 유지해 나간다고 했습니다. 이 힘이 건강하게 자라날 때 인간의 영혼과 정신의 발달에도 긍정적인 영향을 미치게 됩니다. 어린아이들은 강인한 생명력으로 '모방'하는 존재입니다. 또한 '놀이'라는 요소는 이 시기 아이들에게 무엇보다 중요합니다.

솔이와 린이는 발도르프 자연육아를 통해 위의 혜택을 충분히 받고 자라나 즐거운 어린 시절을 추억할 것입니다. 『엄마표 발도르프 자연육아』는 아이를 낳고 기르는 이 시대 가정에 훌륭한 유아교육 지침서입니다. 발도르프 교육을 지향하는 한 사람으로서 이 책을 적극적으로 추천합니다.

발도르프를 지향하는 숲속나무어린이집 원장, 서정대학교 상담아동청소년과 겸임교수
고금녀

생생하게 실재하는, 지혜로운 엄마

예나 지금이나 아이들은 사랑스럽습니다. 하지만 정신없이 변화하는 사회와 삶의 방식 속에서 대부분 아이들은 몸과 마음이 건강하지 않고 행복해 보이지 않습니다. 최첨단 교육 방법론과 값비싼 육아용품의 홍수 속에 있는 아이들의 눈빛에서는 아이

러니하게도 생기를 찾아볼 수 없습니다. 아이를 건강하게 키우는 것은 아이의 든든한 뒷배가 되어주는 엄마(또는 아빠)입니다. 좋은 학교에 아이를 맡기는 게 아니라 누구보다도 엄마가 중심을 세우고 바른 생각으로 바르게 사는 것이 반드시 우선되어야 합니다. 올바른 생각에 바탕을 둔 자기 삶의 청사진을 스스로 그리고 현실로 구현하려 애쓰는 멋진 사람을 엄마 아빠로 둔 아이들이 안정감 있고 건강하게 자랍니다.

생각하는 대로 산다는 것은 사람들의 이상이자, 엄청난 용기와 자유가 필요합니다. 이소영 선생님은 사람과 세상에 대한 올바른 인식을 얻기 위해 열심히 공부하고, 마음 깊은 곳에서 나오는 진정한 자기 이야기에 귀 기울이고, 그 이야기가 이끄는 대로 자기의 삶을 사는 사람이고 엄마입니다. 작은 실수에 연연하지 않고 품을 열어 육아에 도움이 되는 것이면 무엇이든 배우고 솔직하게 성찰하며 지혜롭게 처신하는, 영화 속 허구의 주인공이 아닌 생생하게 실재하는 엄마를 이 책에서 만날 수 있습니다.

이 책이 불안한 미래에 걱정이 많은 젊은 친구들에게도 희망을 주는 길잡이가 되어줄 듯합니다. 20대를 치열하게 보내고 있는 제자들에게 냉큼 쥐여줄 수 있는 선물을 마련하게 되어서 정말로 횡재를 한 기분입니다.

발도르프학교 연극강사, 전 청계자유학교 8년 과정 담임교사 **이은영**

중요한 것은 빼기와 비움

아이들의 삶이 곱고 아름답기를 무엇보다도 아이답기를 소망합니다. 몇 년이나 앞선 학년의 선행학습 문제집을 척척 풀어내기 위해 책상에 앉아 견디어 내야 하는 아이들이 가득한 이상한 세상에 살고 있습니다. 점수가 떨어질까 전전긍긍하는 부모의 손에 이끌려 이런저런 레벨 테스트와 자격 인증 시험에 쫓겨 학교와 학원의 쳇바퀴 속에서 유년 시절을 사는 아이들의 비명은 "널 위한 거야."라는 소리에 묻혀 가방 속을 맴돕니다. 자녀에게 투영되고 있는 부모의 욕망을 내려놓기란 생각보다 어려운 일입니다. 이 시대의 육아에 필요한 것은 더하기나 곱하기가 아니라 빼기, 비움인지도 모릅니다.

여기 잔뜩 긴장한 경쟁 구도 속의 육아가 아니라 힘 빼기와 조절에 성공한 알고 보면 세상에서 가장 편안한 발도르프 육아를 가정에서 열렬히 실천하고 있는 분이 있습니다. 아이를 발도르프 어린이집에 보내고 있는 학부모이자 삶에서 유지하려 노력하고 있는 제가 닮고 싶은 이소영 작가님입니다. 이 책에서 다정하고 쉽게 알려주는 발도르프 육아 꿀팁들을 따라 하시면 자녀의 마음의 창이 활짝 열리고 햇빛이 비출 거예요. 가정의 평화와 아름다움은 덤으로 따라옵니다. 아이와 산책을 하며 계절 테이블에 올라갈 자연물들을 줍고 대화하는 시간은 서로를 고운 색으로 물들이며 잊지 못할 시간을 만듭니다. 그래도 뭐라도 가르쳐야지 하는 분들은 발도르프 수 놀이와 한글 놀이를 만나신다면 지금과는 다른 신세계가 열린답니다. 저마다의 삶의 결이 다 다르듯 육아의 방식도 정답이 있을 수는 없겠지요. 나의 육아 선택지에 발도르프 자연육아를 하나 더하셨다면 잘하셨습니다. 참 괜찮은 나침반을 가지셨으니 이제 보물들을 찾아 떠나볼까요?

꿈의숲발도르프공동육아 이사, 문화예술교육 지구별살롱 대표, 8세 엄마 **리온소연**

따뜻한 봄볕같은 책

해보지 않고는 결코 알 수 없는 육아의 세계. 이 책에는 그 길을 먼저 가고 있는 선배로서 이소영 선생님이 전하는 소소하면서도 생생한 일상 육아 이야기가 실려 있습니다. 가정에서 다년간 실천해 온 발도르프 자연육아의 생생한 기록이며 그 과정에 대한 성찰을 담았습니다. 발도르프 자연육아가 무엇인지, 어떻게 시작할지 궁금해하시는 분들께 도움이 될만한 다양한 경험담을 담고 있으며, 그 연결고리로 육아에 도움이 될 리듬생활, 감각발달, 언어교육 등 발도르프 교육의 지향점도 배울 수 있습니다.

특히, 두 자녀 솔이와 린이와 함께 집 앞마당과 산책길에서 얻은 자연물로 어떻게 놀잇감을 만들었는지, 발도르프식 한글 교육은 어떻게 시작했는지, 가정의 리듬생활을 어떻게 지켜가는지 등을 소개하고 있어 발도르프 육아에 관심이 있거나, 육아에 실제적 도움을 얻고자 하는 분들이 계신다면 꼭 소개하고 싶습니다.

발도르프 학교에서 같이 일할 때 빨간 장화를 신고 텃밭을 드나드시며 아이들과 씨를 뿌리고 물을 주시던 선생님의 모습이 생생합니다. 솔이와 린이가 커가는 모습 보는 것도 저에겐 너무 신기하고 귀한 경험입니다. 선생님은 '본투비 발도르프 자연육아!'이십니다.

선생님과 발도르프 교육과의 만남은 우연처럼 시작되었지만, 그 만남은 학교에서 만난 아이들과 소중한 두 아이 솔이와 린이를 만나며 더욱 깊어져 그녀의 삶이 되었습니다. 그리고 이 길에 대해 더욱 깊어지는 애정과 더 많은 분과 나누고자 하시는 선생님의 마음이 책을 통해 고스란히 느껴졌습니다. 이소영 선생님의 선한 영향력이 따뜻한 봄볕처럼 많은 곳에 전달되길 진심으로 바랍니다.

전 양평슈타이너학교 담임교사, Camphill Village Kimberton Hills Coworker
김희남

친근하고 손쉬운 육아 방법

탄생은 한 인간의 시작이기도 하지만, 부모의 시작이기도 합니다. 그 시작을 돕는 조산사인 저는 제 손을 통해 세상에 나온 모든 아기가 안정적인 가정에서 행복하고 건강하게 성장하길 바라는 마음으로 가족들을 만나고 돕습니다.

이소영 작가님 부부도 저와 같은 마음으로 출산을 준비하고자 시작된 인연이 지금까지 쭉 이어질 수 있었던 건 삶을 살아가는 철학과 환경이 비슷해서인 듯합니다. 두 남매 육아, 자연스러움 추구, 초록과 식물, 꽃, 정원, 교육자, 요가, 베이킹, 열정, 인생 최고 도서, 시골 출신, 하물며 MBTI까지 비슷한 점이 많은 우리는 서로의 삶을 가까이서 지켜보며 응원해왔습니다.

제가 옆에서 바라본 작가님은 진실하고 성실하고 열정적입니다. 꾸준한 일관성으로 늘 발전하고자 하며, 따뜻한 마음씨로 타인에게 좋은 영향을 주고 싶어 합니다. 그 마음으로 두 아이를 키웠고, 그 마음으로 발도르프 육아방식을 나누고자 한 자 한 자 쓴 글이 이렇듯 책으로 엮어져 세상에 나왔습니다.

꾸밈없이 산 대로, 키운 대로, 쓴 글이기에, 한국인에게 어렵게 느껴질 수 있는 발도르프 교육이 단어만 생소하지, 우리에게도 너무나 친근하고 손쉬운 육아 방법으로 다가갈 수 있을 것입니다.

전 자연주의조산원 원장 **류정미**

아름다운 동화 같은 육아서

초록의 싱그러운 향이 가득 배어 있는 한 편의 아름다운 동화 같은 육아서입니다. 도시를 떠나지 못한 채 동시대를 사는, 비슷한 나이대의 자녀들을 키우는 엄마로서 한 편으로는 문화충격을 받기도 했습니다. 마음속으로 품고 있던 이상적인 육아 이야기가 작가님을 통해 실현되어 있었기 때문입니다.

지금은 육아서를 쓴 작가가 되었지만, 저 역시 수많은 양육 이론 속에서 갈피를 잡지 못하고 방황하던 '왕초보 맘' 시절이 있었습니다. 저의 '왕초보 맘' 타이틀을 빠르게 거두어 준 교육 철학 역시 발도르프 교육이었고요.

발도르프 교육이라는 키워드 안에서 인연이 된 작가님. 워킹맘으로 살아가시는 와중에도 자신과 아이들을 두루 돌보며 생기로운 삶을 꾸려가시는 작가님의 육아 비결이 궁금했습니다. 자연 속에서 발도르프 교육의 지혜들을 적극적으로 실천해 나가시는 이야기를 보며 역시 하고 무릎을 치게 되었습니다. '다정한'

사랑의 정신이 가득 담긴 이 책이 많은 엄마와 아이들을 행복한 삶으로 이끌어 드리는 데 큰 역할을 할 것이라고 확신합니다. 발도르프 교육 철학을 애정하는 '아둘맘(아들 둘 엄마)'이자 작가로서 이 귀한 육아서가 민들레 홀씨처럼 널리 퍼져나갈 수 있도록 바람으로 함께 하겠습니다.

권희려 부모교육연구소 소장, 수의사, 5세·8세 엄마 **권희려**

자유를 향한 엄마의 여정

삶에서 나온 글은 향기롭다. 보드랍고 은은한 온기가 느껴진다. 글을 읽는 내내 바람이 불어왔다. 초록 향기 가득한 숲속에서 불어오는 청량한 바람, 생명이 자라나는 소리에 귀 기울여 본 사람만이 전해줄 수 있는 다정한 바람이었다. 이 책은 솔솔 전해 준다. 말하기보다 보여주기로, 재촉하기보다 기다려주기로, 가르치기보다 함께 존재하기로 사랑해 온 시간의 향기가 담겨 있다. 발도르프 교육에 관심은 있지만 막상 내 아이를 양육하는 일상에서 무엇을 해야 할지 어렵게 느껴지는 양육자는 물론, 시골 육아를 지향하지만 당장 살고 있는 도시를 벗어날 엄두가 나지 않는 이들에게도 전하고 싶다. 지금 있는 곳이 어디이든 책장을 펼쳐 읽는 순간, 책 속에 가득한 초록 향기가 고운 싹으로 피어날 것이다. 우리 아이들과 지금 모습 그대로 충만하게, 우리만의 속도로 편안하게, 자유를 향한 엄마의 앞선 여정을 따라 우리는 더 자유로워질 것이다.

『아이가 잠들면 서재로 숨었다』 저자 **김슬기**

자연육아에 관심 있는 엄마들에게

엄마라면 누구나 바랄 것이다. 알 수 없는 세상이 온다고 해도 내 아이가 그 세상 속에서 자기만의 싹을 틔우기를.

현명한 엄마라면 다 알 것이다. 유년 시절 자연에서 오감을 실컷 느끼고 충족한 아이들은 자기만의 싹을 틔우는 힘과 함께 자란다는 것을.

그러나 도시에 살고 있어서, 자연과는 이미 너무나 먼 삶 속에 있어서 한숨 짓는 엄마들에게 작가는 생각의 창을 활짝 열고 손을 내민다. 발도르프 자연육아도 별거 없다고. 집에서 이렇게 아이와 노는 것이 시작이라고.

자연육아에 관심 있는 엄마들에게 추천한다. 여타 엄마표와 달리 힘 빼고 편안한 행보로 시작할 수 있는 놀이의 자세가 담겨 있는 이 책을. 자연 출산을 하고 숲에서 두 아이를 키운 나에게도 솔깃했던 엄마표 발도르프 한글 놀이와 수 놀이처럼 당장 내 아이와 시작하고 싶은 놀이가 가득 담긴 이 책을.

평범한기적 북토크 기획자, 8세·12세 엄마 **강민정**

저자가 속삭이는 위로의 메시지

2년 전 라이프 코치 모임에서 저자를 처음 만났다. 자신을 시골에 사는 '에코 코치'라고 소개하며 처음 만나는 이들에게 초록 빛깔 에너지를 내뿜는 저자의 모습이 나는 신기했었다. 그리고 이 책을 읽으며 또 한 번 놀랐다. 항상 '나답게'를 외치며 살아가는 저자의 삶이 책 속에도 고스란히 담겨 있어서. 어떻게 사람이 이토록 한결같이 초록빛일 수가 있을까 싶어서.

9살, 5살 아이들을 키우는 워킹맘으로서 나는 발도르프 육아를 일찌감치 포기했었다. 뜨개질을 하고 나뭇가지를 주워서 놀잇감을 만들고……. 그런 시간과 열정을 쏟기엔 나는 너무 바빴고, 그러면서도 한편으로는 아이들을 최우선으로 신경 써주지 못하는 것 같아 늘 미안했다. 그런 내게 신기하게도 이 책은 '괜찮다'고 말해준다. 있는 그대로, 자연스럽게, 리듬에 맞춰, 각자의 삶 안에서 또 나답게, 우리답게 살아가면 된다고 말하는 저자의 속삭임에 나는 위로받았고, 아이들을 더 사랑하게 되었다.

존재만으로도 반짝이는 아이에게 이 세상의 작고 소중한 것들을 있는 그대로 느끼고, 사랑하게 해주는 것. 그러기 위해 엄마인 나부터 삶의 아름다움을 느끼며 살자는 것. 그것이 저자가 책을 통해, 자신의 삶을 통해 전하고 싶은 메시지가 아닐까 한다.

한국코치협회 인증 코치, 5세·9세 엄마 김연의

실질적인 자료가 담긴 안내서

작가님을 처음 알게 된 계기는 SNS를 통해서였다. 큰아이가 초등학교 입학을 앞두고 있었을 때 작가님이 온라인으로 진행하는 '엄마표 발도르프 한글모임'에 참여하게 되었다. 모임에 참여하는 내내 누구나 쉽게 따라 할 수 있도록 자신만의 발도르프 육아 노하우를 정리해서 나누는 그녀의 솜씨와 따뜻한 마음이 놀라울 따름이었다. 그 이후로 '엄마표 발도르프 수학모임'과 '우리들의 느긋한 책모임'에도 함께하면서 어느덧 2년 넘게 인연을 이어가고 있다.

지방에 거주하고 있어 주변에 발도르프 교육기관이 없던 차에 작가님의 현명한 안내와 도움으로 엄마표 한글교육과 수학교육을 무리 없이 실천할 수 있었다. 선행학습 없이 초등학교에 입학했던 아이는 지금 누구보다 즐겁게 배움의 여정에 참여하고 있다.

평소 발도르프 교육에 관심을 가진 부모라면 이 책은 작가님의 구체적이고 풍부한 경험과 실질적인 자료가 담긴 소중한 안내서이자 지침서가 될 것이다. 나아가 누구보다 바쁜 일상을 살아가는 두 아이의 엄마이자 교사인 그녀가 자신이 처한 상황에서 포기하지 않고 두 아이와 함께 발도르프 자연육아를 실천하며 성장한 기록을 읽다 보면 당신도 크나큰 용기와 희망을 발견하게 될 것이다.

영어그림책 강사, 8세 · 10세 엄마 **김지혜**

보석보다 빛나는 저자의 삶

이소영 작가는 '찐'이다.

그녀는 항상 배운다. 삶에 대해, 사랑에 대해, 자연에 대해, 아이에 대해, 자신에 대해, 늘 진지하게 성찰하고 배우며 성장한다.

그녀는 기꺼이 나눈다. 책모임을 통해, 강의를 통해, 글을 통해, 블로그를 통해, 프로젝트를 통해, 자신의 배움을, 자신의 경험을 아낌없이 나눈다.

그런 그녀의 글은 그녀의 삶과 다르지 않다. 추상적인 이론이나 어려운 개념들을 몸으로 살아내고, 일상에서 실천한다. 그리고 외따로 지내던 엄마들에게 손을 내밀고, 연결한다. 그 연결 안에서 나는 나로서 살아갈 수 있는 용기와 자본에 휩쓸리지 않고 소중한 것들을 지켜나가는 육아를 위한 힘을 얻을 수 있었다.

발도르프는 그런 그녀의 삶을 관통하는 실이고, 그 실에는 그녀가 열과 성을 다해 모은 색색의 아름다운 구슬들이 꿰어져 있다. 책을 읽으며 여느 보석보다 빛나는 그녀의 삶이 선물처럼 펼쳐져서 눈이 부셨다.

공감교육센터 '따비' 대표, 5세 · 7세 엄마 **이정현**

진실함이 주는 치유를 경험하는 시간

아이들의 총체성을 인정하고 양육해야 함에도 인지적인 교육에 치우친 불균형한 양육 태도로 말미암아 고통스러워하는 많은 아이를 보았습니다. 그러던 중 발도르프 교육을 알게 되어 매료되었고 자녀를 낳고 양육하게 되면 이 교육을 바탕으로 길러보고자 몇 권의 책도 읽었습니다.

기관에서의 교육 이야기들을 많지만, 엄마로서 집에서 할 수 있는 부분에 대한 지침과 적용하는 실제에 대한 부분이 그려지지 않아 흐지부지 끝냈던 지난날의 경험이 있습니다.

이 책에는 지난날의 저와 같은 사람들을 위해 발도르프 학교에서 풍부한 이론적 배경과 경험을 쌓은 한 선생님이 엄마의 자리로 와 더욱 따뜻하고 섬세하게 실제로 적용할 수 있는 팁들이 그림처럼 그려져 있습니다. 한 문장 한 문장 읽다 보면 본질을 향해 끊임없이 살고자 하는 작가의 모습을 보며 소중한 것들이 무엇이었는지 삶을 다시 돌아보며 다시 나아가는 힘과 진실함이 주는 치유됨을 경험하는 시간을 가질 수 있을 것입니다.

초등학교 특수교사, 13세 · 15세 엄마 **전영란**

자연스럽고 편안한 육아 이야기

처음 마주한 육아라는 삶의 큰 과제에 저의 길라잡이가 된 것은 발도르프 교육이었습니다. 다양한 교육 정보들을 접하며 나와 아이의 행복과 미래를 위한 최고의 선택은 무엇일까 고민하며 선택한 길이었습니다. 『엄마표 발도르프 자연육아』에서도 엄마가 되어 주어진 상황에서 최대한의 행복을 누리고자 했던 한 사람의 여정을 느껴볼 수 있습니다.

이 책에는 한 사람의 바탕이 되는 0세부터 7세까지의 육아 시기에 일상에서 실천하는 자연스러운 발도르프 육아의 이야기가 담겨 있기에 두 손에 힘을 풀고 편안한 마음으로 읽어볼 수 있습니다. 어렵고 멀게만 느껴지는 발도르프 교육, '어떻게 하면 나도 따라 해볼 수 있을까?' 고민하는 분이라면 이 책에서 이소영 작가님이 나눈 내용으로 일상을 조금씩 채워 가보면 좋을 것 같습니다.

조기 교육과 사교육 시장이 이토록 활발한 대한민국에서 자연스럽고 편안한 육아가 오히려 더 부자연스럽게 비추어지고 유난을 떤다는 소리를 듣는 현실이지만, 수많은 육아법 중에 발도르프 육아법이 나에게 말을 걸어온다면 이 책의 여정을 함께 걸어보시길 바랍니다.

『발도르프로 시작하는 우리 아이 초등영어』 전자책 저자, 8세·10세 엄마 **한유정**

[프롤로그]

엄마표 발도르프
자연육아 따라하기

이소영

 삶에 대한 수많은 정의가 있겠지만 나는 '인생은 학교'라고 생각한다. 학창 시절의 학교를 거쳐 세상이라는 크나큰 교실에서 날마다 배우며 성장하고 있기에. 오히려 어른이 된 이후 만난 교육과정은 나를 더 깨지게 했고 그만큼 새로운 지평을 열어주었다.

 이십 대 젊은 시절 발도르프를 알게 되었고 깊이 빠져들었다. 발도르프 교육은 독일의 철학자 루돌프 슈타이너(1861-1925)의 '인지학'에 바탕을 두는데, 아이의 영적인 본성을 인정하면서 자유로움을 추구하는 교육이다. 사람을 사고, 감성, 의지를 가진 존재로 보고, 머리와 가슴, 사지의 조화로움을 추구하는 교육 방법을 적용하고 있다. 인위적인 환경보다 아름다운 자연에서 놀고 느끼며 깨닫는 철학이라 더욱 마음이 갔다.

발도르프 교육을 공부하는 모임에서의 일이었다. 자기를 소개하는 시간, 나이가 조금 들어 보이는 수수한 차림의 어느 여성분께서 떨리는 목소리로 말씀하셨다. 본인은 학생도 교사도 아닌 평범한 엄마인데, 아기를 낳고 기르는 일이 생각보다 쉽지 않아 아이를 잘 이해하기 위해 발도르프를 공부하러 왔다고 하셨다. 제 아이 잘 키우기 위해서 이렇게까지 노력하시는구나. 그저 배움의 욕구로 가득했던 홀몸의 싱글에겐 '엄마'라는 영역이 멀고도 낯설게만 느껴졌다.

강산이 변할 만큼의 시간이 흘러 나도 엄마가 되었다. 감사하게도 미리 배워둔 발도르프 자연육아로 아이를 양육할 수 있었다. 완벽한 전문가 수준은 아니었다. 기회 닿는 대로 공부하고 책 읽으며 체득한 정도. 임신하며 일을 그만두어 경제적으로 어려웠고, 두 아이는 주변의 도움 없이 오로지 내가 돌봐야 했으며, 육아와 함께 시작된 갑상샘 증상으로 쉽게 피로를 느끼는 몸이 되어버렸다. 인생사 쉬운 일은 없지만 아이 낳고 만나는 세상은 수많은 융통성을 필요로 하는 곳이었다. 그래도 시골 마을 작은 집 통창 딸린 낮은 거실에 앉아 떠오르는 해와 푸르른 나무를 바라보면 새로운 힘이 솟았다. 이 아이들은 어디에서 왔고 우리는 어떤 인연으로 만났을까, 발도르프 인지학에서 말하는 대로 사람을 물질로만 보지 않고 영혼과 정신을 가진 입체적인 존재로 바라보니 힘겨움이 지나간 자리에 행복이 채워졌다.

첫째 아이는 머리가 발달한 아이였다. 어릴 때부터 놀잇감 하나에 꽂히면 20분이고 30분이고 한 곳에 앉아 집중했다. '옳거니, 똑똑하게 키우자' 마음먹었다면 머리만 비대해진 아이로 자랐을 것이다. 그만큼 차갑고 딱딱하게 굳어져 있었을지 모른다. 머리와 가슴과 사지가 조화롭게 자라길 바랐다. 자연 속에서 충분히 뛰어놀며 세상의 아름다움을 바라보도록 도와주었다. 대화를 자주 나누며 공감했고 따뜻함을 전해주었다. 때 이른 지적 자극을 주지 않으려고 노력했다. 초등학생이 된 아이는 이야기도 좋아하고 수학도 좋아한다. 바느질도 좋아하고 어디에 풀어놔도 온몸 움직여 잘 논다. 튼튼한 정서적 토대 위에서 자신이 지닌 개인성을 훨훨 펼쳐가리라 믿는다.

　둘째 아이는 가슴 형의 아이였다. 느긋한 품성을 지녔고 눈물도 많았다. 작고 아기자기한 것을 사랑하고 동물 돌보는 일을 좋아한다. 자기 속도대로 충분히 소화하도록 기다려주었고, 격려와 칭찬을 아끼지 않았다. 세상을 찬찬히 둘러보며 감각적으로 느끼도록 도와주었다. 발도르프 교육이 지향하는 아름다운 예술 활동은 아이의 장점을 부각해 주었다. 일곱 살인 지금 선행학습 없이 마음껏 놀고 있다. 피기도 전에 봉우리 벌려 아이의 색깔을 알아보려 했다면 아이의 내면은 상처 입고 주눅 들었을 것이다. 매일매일 자기답게 행복하게 살아가고 있는 아이다.

　엄마인 나는 여전히 흔들리며 꽃을 피우고 있다. 선호하는 가치와 철학 안에서 할 수 있는 최선을 다해 살아가되 모든 상황을 내 손안에 둘 순 없다. 만족하면 이어나가고 안 되는 부분은 다음 선택지를 정해 나름의 정성을 다할 뿐이다. 마음을 모아 아이의 지구별 적응을 도우며 오늘치의 행복을 찾고 있다. 이토록 부족하고 나약한 개인이지만, 한 끗 차이로 강인하고 당찬 원더우먼이 되기도 한다. 그게 엄마인 것 같다.

내가 좋아 아이들과 살아본 발도르프 자연육아인데, 발도르프 교육이 유네스코 세계 장관 회의에서 21세기 교육모델로 선정되었다는 소식과, 최첨단 미디어 세상을 선도하는 미국 실리콘 밸리 임원들의 자녀들이 상상력과 아날로그를 추구하는 발도르프 학교에 다닌다는 뉴스는 가슴을 벅차오르게 한다. 그래, 허튼 길로 가진 않았구나, 잘하고 있어, 잘살고 있어 응원 소리로 들렸다. 다수가 가는 넓은 길이 아닌 좁은 오솔길로 걸어가지만 내가 사랑하는 것들을 곁에 두며 아이들 손 잡고 당차게 걸어본다.

삶의 학교에서 아이들과 울고 웃으며 배우는 중이다. 다시는 돌아오지 않을 유년기 속에서 아이들도 나도 한 뼘씩 더 자랐다. 소중한 흔적이 날아가기 전에 기록으로 매듭짓고 싶었다. 쉽게 묶을 수 있을 것 같았던 보따리를 한바탕의 웃음과 몇 바가지의 눈물로 녹여내느라 꽤 굵직한 시간을 보냈다. 나를 스쳐 간 인연들과 고마운 이들이 이렇게나 많았구나. 따뜻한 마음을 보내본다.

평범한 글이지만, 발도르프와 자연육아로 아이들과 이렇게 지낼 수 있겠구나, 또 하나의 다양성으로 기억되길 바란다. 더 나아가 이 부분은 나도 한번 따라 해볼까 고민하며 작은 실행으로 이어진다면 더할 나위 없이 기쁠 것이다. 이 기록이 누군가의 가슴에, 어딘가의 가정에 닿아, 초록 싹으로 피어나길 희망한다.

　글에서 초록 향기가 난다며 끝까지 쓸 수 있는 용기를 불어넣어 주신 김슬기 작가님과 부족한 원고를 보석처럼 여기시며 소중한 한 권의 책으로 엮어주신 씽크스마트 출판사 여러분들, 이 책이 나오기까지 곁에서 파이팅을 외쳐주신 많은 분들께 감사함을 표한다. 책의 공동 저자나 다름없는 사랑하는 두 아이 솔과 린, 그리고 가정을 최고의 가치로 두고 육아독립군으로 살림과 육아의 절반 이상을 적극적으로 감당해온 남편에게도 고마움을 전한다.

목차

[추천사] 04
[프롤로그] 엄마표 발도르프 자연육아 따라하기 22

1부 자유를 향한 엄마의 여정

1 발도르프를 만나다 34
2 스물여덟의 일탈, 초등교사 사표를 던지다 38
3 청년 귀농자는 행복했다 43
4 다시 학교로, 아이들 곁으로 48
5 엄마 되기 첫 번째 미션, 조산원을 찾다 57
6 응급수술을 넘어 찐 자유를 맛보다 62
7 브이백 도전, 나답게 쭉 살아갈 거야 69

2부 감성을 풍요롭게 하는 발도르프 자연육아

8　40년 차 프로 시골러,
나를 관통한 초록빛으로 아이를 만나다　76

9　우리 집 이름은 쉴라　83

10　마당 있는 시골집에서 아이를 키우고자 할 때 전제조건　89

11　텔레비전 대신 시간 부자　96

12　제로 웨이스트와 상상력　103

13　식탁에서부터 꽃피는 삶　109

14　아이와 편안하게 지내는 가장 쉬운 방법, 루틴 챙기기　117

3부 의지를 키우는 발도르프 놀이육아

    15   자연에서 자라는 아이들   **126**

    16   큰돈 들이지 않고 마련할 수 있는
            발도르프 자연물 놀잇감   **132**

    17   놀이 밥을 듬뿍 먹어요   **144**

    18   시작과 맺음을 맛보는 놀이육아   **151**

    19   아픈 만큼 성장하는 아이   **158**

    20   모험 놀이를 해보자   **163**

4부 사고를 기르는 발도르프 예술육아

    21   사교육 없는 유아 시절   **172**

    22   어린이집을 선택하는 기준   **178**

    23   내 아이를 위한 엄마표 발도르프 한글 놀이   **183**

24 발도르프 수 놀이 이렇게 해봤어요 190
25 책 좋아하는 엄마와 이야기 좋아하는 아이 197
26 엄마표 발도르프를 위한 밝놀 프로젝트를 만들다 202

5부 힘을 빼고 행복을 채우는 일상육아

27 나만의 공동육아로 육아 외로움 극복하기 212
28 엄마도 아이도 살리는, 36개월 신화 깨기 218
29 무던한 육아의 비결, 선택했다면 믿자 224
30 힘 빼는 육아 기술, 특별함을 깨라 229
31 어쨌든 가정, 우리 가족의 오롯한 문화 챙기기 234
32 편안한 엄마를 꿈꾸며 242

[에필로그] 246

1부

자유를 향한
엄마의 여정

1
발도르프를 만나다

 "발도르프 교육을 아세요?"

대학교 3학년 때 '청각 장애아동 교육의 실제'라는 과목을 들었다. 교수님은 청각장애 특수학교에서 오랜 기간 아이들을 가르쳤던 분이셨다. 근무하신 학교는 당시 유행했던 열린 교육과 함께 발도르프 교육을 실천하고 있었다. '참 아름답구나!' 학교 환경과 아이들의 수업 장면을 바라보며 나도 모르게 깊숙이 빠져들었다. 22살, 발도르프와의 첫 만남이었다. 이듬해 봄 나는 그 학교에 교생으로 서 있었다.

집 가까운 대구 경북 지역 교생 실습지 다 놔두고 서울로 무작정 올라갔다. 친척댁에서 왕복 두 시간씩 지하철을 타며 30일 동안 예비교사로 아이들을 만났다. 서울의 특수학교는 공교육 안에서 발도르프 예술교육을 적용하는 특색있는 학교였다. 교실 벽을 넓게 터서 영역별 수업을 했고, 여러 연령대의 학생들을 모둠별로 묶어 공동체 프로젝트도 하고 있었다. 천연염색 천과 한지의 아늑한 느낌으로 공간을 꾸몄고 아이들의 활동 작품을 벽면에 자연스럽게 붙여놓았다. 학교는 아름다웠고 선생님들은 올곧았으며 아이들은 귀여웠다. 겨우 터득한 수화와 지화, 그리고 구화로 아이들과 소통했고, 부족하나마 여러 선생님 앞에서 공개수업까지 마무리했다. 실습을 마칠 무렵 교감 선생님께서 좋은 교사가 되기 위해 읽을 4권의 교육잡지를 추천해주셨다. 『녹색평론』, 『처음처럼』, 『우리교육』, 『민들레』였다.

다시 대학교 졸업반 학생 신분으로 복귀했지만, 마음속 설렘은 꺼지지 않았다. 좋은 선생님이 되어 아이를 아름답게 만나고 싶었다. 부모님께 받는 용돈을 쪼개서 잡지를 구독하기 시작했다. 고 신영복 선생님께서 편찬하신 '처음처럼'은 절판되어 구할 수가 없었고 나머지 3권의 잡지는 꾸준히 보았다. 생태적인 삶에 대해 거대하고도 진실한 글을 담고 있던 '녹색평론'을 통해 자연의 일부인 사람은 마땅히 자연 속에서 살아야 함에 공감했고, '우리교육'을 읽으며 교육 현장에 계신 선생님들의 열린 활동과 생각을 엿볼 수 있었다. '민들레'를 보면서 우리나라 대안교육의 움직임을 살폈고, 갓 세워진 발도르프 학교에서 아이들이 즐겁게 수업받는 내용을 가슴 두근거리며 읽었다. 당장 눈앞의 임용시험에 매진하면서도 나도 언젠가 이런 환경에서 아이를 만나고 싶다 꿈을 꿨다.

어느 날 민들레 독자 후기에서 '특수교사'라는 익숙한 단어를 발견했다. 한국에서 특수교사로 오랜 기간 일하시다 아이들을 제대로 만나고 싶어 독일에서 발도르프 교육을 공부하고 계신다는 한 선생님의 짧은 글이었다. 전망을 꿈꾸는 나에게 찾아온 선물 같았다. 지면에 나와 있던 이메일로 장문의 편지를 보냈다. 간단한 소개와 함께 내가 그리는 꿈에 대해, 그리고 선생님의 꿈을 여쭈어보았다. 며칠 뒤 긴 답장이 왔다. 얼굴을 뵌 적도 없는 분이었지만 진심이 느껴졌고 어떻게 살아야 할까의 고민에 한 줄기 빛이 보였다. 지금 할 수 있는 것에 최선을 다하며 경험치를 쌓아보자. 이후 가슴이 답답해질 때면 선생님께 편지를 쓰며 내 마음을 전했고, 그때마다 꾹꾹 눌러쓴 타이핑 너머로 위로와 용기를 받아볼 수 있었다. 누가 알았을까, 8년 뒤 선생님과 함께 일하게 될 줄.

시골 작은 마을에서 나고 자란 나는 우물 안 개구리였다. 집에는 제대로 된 컴퓨터 한 대도 없었고 인터넷 연결망이 발달하기 전 스무 살을 맞이했기에 정보력이 어두웠다. 세련된 문화 예술의 경험도, 박식한 지식으로 이끌어줄 멘토도 없었다. 하지만 우물에 산다고 한탄하고만 있지 않았다. 우물의 고즈넉한 정취에 감사하며 이른 아침부터 이 논 저 논 열심히 뛰어다녔다. 눈앞에 조그마한 궁금증이 보이면 다가가서 호기심을 풀었다. 차근차근 삶의 폭을 넓혀가며 내 결에 맞는 것들을 곁에 두었다.

남과 비교해서 무엇하랴. 과거와 비교했을 때 조금 더 넓은 시야를 가진 개구리는 초보 선생님이 되었다.

 한국에서 발도르프를 공부할 수 있는 곳

내가 발도르프를 경험했던 20년 전과는 달리 지금은 한국에서도 발도르프 교육을 공부할 수 있는 곳이 많아졌다. 긴 호흡의 교사 과정도 있고 짧은 특강들도 있다. 자녀를 양육하는 엄마 아빠도 공부하면서 육아에 도움을 받을 수 있다. 코로나19 이후 대면과 비대면의 방법으로 강의를 제공하는 곳도 있으니 각 교육기관의 특색과 성격을 잘 알아보고, 자신에게 와닿는 곳을 찾아보길 바란다.

– 한국발도르프교육협회 http://www.waldorf.or.kr
– 한국슈타이너 인지학센터 http://steinercenter.org
– 발도르프교육예술원 아이라움 https://cafe.daum.net/iraum

2

스물여덟의 일탈, 초등교사 사표를 던지다

　　험난한 임용고사의 언덕을 넘어 현장에서 만난 아이들은 참 예뻤다. 초심자가 줄 수 있는 열정과 정성으로 아이들을 만났다. 매일 아이의 일과를 알림장에 기록했고, 매주 아이들과 현장학습을 떠났으며, 매달 반 모임에서 부모님과 소통했다. 부모님을 보조교사로 모셔 그룹수업을 진행했고, 제자들을 집으로 초대해 선생님과 가까워지는 이벤트를 벌였다. 함께 땅 일구어 농사지은 신선한 먹거리로 요리를 만들어 먹었고, 아이들의 재능을 모아 소담한 학예발표회도 때마다 열었다.

　　아이들과의 일상을 교단 일기로 기록했고, 교육활동에 도움이 되는 자료들을 SNS에 기록하며 온라인에서 만난 선생님들과 소통하기도 했다. 좋은 연수를 찾아다녔고, 방학마다 몇 주씩 발도르프 교사 전문가 과정을 듣기도 했다. 누가 시킨 것도 아니지만, 아이가 즐거우면 나도 즐거웠다. 재미있는 일을 벌이고 사람들과 연대하려 노력했다.

내가 만난 아이들은 장애가 있는 학생이었다. 아이들은 순수했고 늘 주는 것보다 더 많은 사랑을 돌려주었다. 그 사랑이 동력이 되어 수업을 생각하며 하루를 시작했고 아이들을 떠올리며 잠자리에 들었다. 그렇게 3년 동안 교육활동을 마음껏 펼쳤다.

충분했기에 여한이 없었을까, 내 안의 개구리가 다시 팔딱거렸다. 공교육을 넘어 더 넓은 세상을 경험하고 싶었다. 직장을 그만두는 일이 말처럼 쉽진 않았다. 오랫동안 고민하다 인도의 거리와 네팔의 고산을 충만하게 걷고 온 다음, 마음 속 북소리에 발걸음을 맞추기로 했다. 아이들은 어느 장소에서든 다시 만날 수 있다 위안하면서, 용기를 끌어모아 사직서를 던졌다.

수능을 보고 대학에 가고 직장을 얻고…. 순조롭게 흘러가던 일상이었지만 반대급부로 서서히 차오르는 허증이 있었다. 허한 감정을 억누르며 안정적인 삶을 바라는 부모님과 사회의 암묵적 요구대로 착한 아이 증후군에 걸린 마냥 최선을 다해 지내왔다. 꼬박꼬박 나오는 월급과 잘리지 않는다는 장점이 족쇄가 되어 이대로 30대, 40대, 50대, 그리고 노년이 찾아온다면, 도전하고 성취하며 자유롭게 살아보지 못했음을 뼈저리게 후회할 것이 분명했다. 조금이라도 늦으면 편안함에 안주해버릴 것 같았다.

발도르프 교육에서 인생은 7년을 주기로 큰 변화를 겪는다고 한다. 태어나서 7살까지 모방의 힘으로 신체가 자라고, 7살부터 14살까지는 풍요로운 감성의 힘으로 마음이 성장한다. 14살부터 21살에는 사고력으로 지성이 발달하기 시작하는데, 충분히 자신을 실험하며 나의 경계와 세상의 경계를 경험한다. 21살부터 28살 시기에는 감정의 호불호가 중요한 선택 기준이 되어 직업과 배우자를 정하고, 28세부터 35세까지는 모든 일에 이유와 논리가 필요한 시기로, 못다 한 공부를 다시 시작하거나 자격증을 따며 승진 시험에 매진하기도 한다. 35세부터 42세의 7년 주기에는 의식적으로 판단하는 것이 중요한 때로, 제2의 사춘기가 시작된다고 할 만큼 첫 번째 사춘기 시절을 제대로 못 겪고 지나간 사람이 다시 저지레를 시작하는 시기라고 한다. 이후에도 7년의 주기마다 인생의 주요한 변화들이 이어진다.

굵직한 발달단계를 이해하고 인간을 있는 모습 그대로 바라보며, 그 시기의 주요 과업을 충분히 이행하는 일은 참으로 중요했다. 그래서 발도르프를 공부하면 발달론부터 접하게 된다. 자신의 전기를 돌아보는 '바이오그래피' 작업도 큰 도움이 되었다.

대한민국에서 평범한 십 대를 보낸 사람이라면 대부분 사춘기의 똥꼬발랄한 반항과 자기 정체성을 찾는 치열한 여정 대신, 입시전쟁에 몸 던져 죽어라 공부만 했던 경험을 했을 것이다. 성적이 좋든 나쁘든 입시지옥에 에너지를 쏟는 이상 나는 누구인지 무엇을 해야 행복한지 고민할 시간을 충분히 가지지 못한 채 어른이 되어버린다. 나도 그랬다.

허증의 정체는 제때 지랄하지 못한 마음의 누적이었고, 더는 물러날 곳이 없다고 여겼던 네 번째 7년 주기의 끝, 스물여덟 살! 생애 몇 번 안 오는 축의 대전환에 사직서를 과감히 던져버렸다. 진정 나다운 것은 무엇인지, 나의 한계와 세상의 경계는 어디쯤인지 알고 싶었다. 머리로 계산하는 일은 그만두고 가슴이 시키는 대로 살아가 보자!

도시에서 살았던 짐을 정리해 새로운 장소로 향했다. 넓은 세상 배우러 간다면서 내 몸은 작디작은 시골로 향했다. 농촌의 대자연 속으로. 가만히 누우면 '자연스럽게 살고 싶다, 자연 속에서 살고 싶다'라는 목소리가 끊임없이 울려왔다. 자연은 더없이 넓은 어머니의 품이었고 나는 거대한 대지 위에서 깨끗이 씻기길 원했다. 내 몸을 살리고 자연과 더불어 살기 위해 가장 근본이 되는 농사부터 배우고 싶었다.

"나는 이제 자유다!" 충청남도 홍성의 풀무골로 향하던 차 속에서 외쳤다. 이대로 생이 끝난대도 호탕하게 웃을 수 있을 것 같았다.

한 번이라도 자유를 경험한 사람은 다른 사람도 자유롭게 대할 수 있다. 바람 솔솔 부는 틈이 생기는 것이다. 내가 만나는 학생들에게도, 앞으로 만날 내 아이에게도 청량한 바람이 부는 자유로운 어른이 되고 싶었는지 모르겠다.

생의 길에서 1도만 틀어도 10년 후는 전혀 다른 삶으로 살아갈 터인데, 간신히 쥐어 짜낸 용기로 180도 방향을 틀어본 것이 제대로 한 방, 첫 일탈이었다.

> **전국귀농운동본부 생태귀농학교 소개**
>
> 삶의 뿌리를 찾아 농사를 지으러 가며 큰 도움을 받은 곳은 (사)전국귀농운동본부의 생태귀농학교였다. 나는 2005년, 25살 조금 이른 나이에 제42기 생태귀농학교를 수료했다. 30~40대 직장인 귀농 귀촌 희망자나 안정적인 자금을 확보한 50대 이상, 또는 자연과 생태적 대안적 삶에 관심이 많은 사람이라면 누구나 신청할 수 있다. 3박 4일 동안의 생태귀농학교는 귀농(귀촌) 선배들의 이야기를 듣는 시간, 지역 탐방, 농가 일손 돕기, 대동놀이 등의 프로그램으로 구성되어 있다. 어린아이를 둔 가정은 가족 단위로 신청 가능하니, 시골 생활에 대한 꿈이 있다면, 귀농학교를 통해 새로운 삶의 전환점을 고민해볼 수 있을 것이다.
> http://www.refarm.org

3
청년 귀농자는 행복했다

 "다음은 갓골 논배미로!"

귓가를 스치는 바람이 시원하다. 눈앞으로 지나가는 드넓은 시골 풍경. 삽자루 안고 진흙 잔뜩 묻은 장화 신은 채 농로를 달리는 트럭 뒤 칸에 앉아 진한 상쾌함을 느꼈다.

오전에는 인문학을 공부하고, 오후에는 논밭으로 다니며 농사를 짓고, 저녁에는 기숙사에서 공동체 생활을 했다. 출신, 학벌, 직업의 사회적 명함 다 떼고 덕지덕지 가렸던 화장기마저 말끔히 벗고 생짜 날 인간으로 살아본 나날들. '풀무농업고등기술학교 생태농업전공부(이하, 풀무학교 전공부)'에서의 2년은 지랄발광하지 못했던 과거를 보상하기에 충분한 자유의 시간이었다.

풀무학교 전공부 시절 모내기를 위한 써레질 후 찍은 사진

농사를 짓기 위해서는 무릎을 굽혀야 한다. 고개를 숙여야 한다. 기어야 한다. 철저히 나를 낮추어 생명이 자라나는 소리에 귀를 기울였다. 작은 씨앗 하나 심었을 뿐인데 자연은 몇 배의 결실로 보답해 주었다. 자연과의 소통 속에서 헛헛했던 마음이 치유되었고 위로를 받았다. 흙 속을 뒹굴며 초록 범벅으로 이십 대의 마지막을 물들였다.

풀무학교 전공부는 '더불어 사는 평민을 기르는 학교'라는 설립 정신으로 공부도 하고 일도 하는 농부를 길러내는 곳이었다. 소농이 지역의 다양성을 살리고, 안전한 먹거리를 생산하며, 농민의 주체성을 회복하여, 평화로운 세상을 실현하는 데에 중심이 되어야 한다는 믿음으로 2001년 개교했다. 같은 마을에 있는 '풀무농업고등기술학교'는 고등학교 과정으로 60년이 넘는 전통을 가진 우리나라 대안교육의 큰 기둥이다. 가까이에서 보니 내가 성인이 되어서야 경험한 자율적인 삶을 이미 청소년기에 접하고 있었다. 작은 학교, 입시에 목숨 걸지 않은 교육과정, 자연에서 농사짓는 삶이 펼쳐진다면 고등학생도 이렇게 자유로울 수 있구나! 나도 이런 학교에 다녔더라면 하는 아쉬움이 몰려왔지만, 성인 과정인 풀무학교 전공부를 통해 늦기 전에 생태적인 삶을 살 수 있어 다행이었다.(풀무학교 전공부 홈페이지 참고 : http://www.poolmoo.net)

풀무학교 전공부에서 생태학, 인문학, 퍼머컬처 등을 공부했고 기록하는 법, 글 쓰는 습관을 만들어갔다. 따로 찾아 나서지 않아도 작은 시골 마을로 전국 각지의 유명 인사들이 찾아와 다양한 강의를 펼쳤고, 외국과의 교류도 활발했다. 일본의 유기농업단체, 중국과 필리핀 등 논농사 문화권 농민들과 소통의 장이 자주 열렸다. 내가 재학할 때도 캄보디아에서 온 친구, 일본에서 온 학생들, 스위스에서 오리농법을 공부하기 온 연구원 등 다국적의 학생들이 함께 공부했다.

물론 쉽기만 했을까. 돌이켜보면 우리나라 남자들이 군대 가서 겪는다는 공동체 생활의 험난함을 제 발로 걸어 들어가 경험한 것이었다. 나이와 성별, 성격이 모두 다른 열댓 명의 성인들이 같이 밥해 먹고 역할 나누어 공동의 삶을 살아가다 보니, 문제가 안 생기면 이상할 정도로 날마다 새로운 이벤트가 일어났다. 거창하고 고매한 논의보다는 누가 소밥을 빼먹었나, 설거지 당번은 어떻게 정할까, 청소가 안 된 부분은 어디인가, 회의 시간마다 가장 기본 바닥의 욕구와 관련된 안건이 올라왔고 열띤 토론을 하며 문제를 해결해 갔다. 회의스럽지만 회의를 통해 풀어나가는 법을 눈물겹게 배워나갔다.

풀무학교 전공부에서는 졸업을 '창업'이라고 부른다. 졸업함으로 배움을 마무리하는 것이 아니라, 세상에 나가서 위대한 평민으로 자신이 품은 뜻을 펼쳐나가라는 의미다. 기쁘고 행복했던 순간만큼 내가 한 선택이 옳았나 눈물 뚝뚝 흘리며 고민하던 시간도 많았다. 자유에는 책임이 늘 뒤따라왔다. 끝까지 버티는 자가 되어 2년의 배움을 마치고 창업하던 날, 참 잘했다 스스로 가슴 벅차게 안아주었다. 자연에서 여러 생명이 어우러지듯 다양성을 가슴에 품고 살아가라는 홍순명 교장 선생님의 글씨 액자와 함께 세상의 빛과 소금이 되라는 의미의 성경책을 선물로 받았다.

구체적인 계획을 품기보다 인연의 이끌림으로 살고 싶었다. 자연스럽게 홍동 마을에 남게 되었다. 생태농업연구소에서 논에 사는 생물을 조사하는 일과 도시에서 오는 아이들에게 자연의 소중함을 가르쳐주는 생태 강사 일을 했다. 유기농 농민단체의 간사로도 일했고, 장애 아이들의 진로와 치유를 위한 농장에서 농사를 가르치기도 했다. 다양한 일을 했지만, 그 속에 '생태', '자연', '교육'이라는 키워드를 품고 있었다.

농사학교에서 2년, 이어 농촌마을에서 2년을 초록 에너지로 살다가, 마음의 허중이 충분히 치유되던 날 '다시 아이들을 만나고 싶다'라는 소리를 들었다. 자유롭게 살아본 사람은 자기 내면의 소리에 귀를 기울인다. 그 소리를 무시하지 않고 대화를 나누기 시작했다.

떠나야 할 순간이구나.
다시 진하게 아이들을 만나고 싶었다.

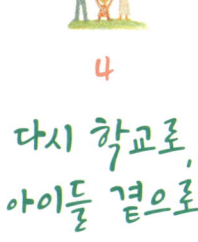

4
다시 학교로, 아이들 곁으로

얼마 전 오랫동안 교직에 있었던 친구와 이야기를 나누었다. 대학 졸업 후부터 교사라는 한 가지 일을 하며 뿌리를 내려온 삶을 칭찬했더니 친구가 말했다. "소영아, 너는 멋짐을 선택했잖아. 그래서 지금 참 멋져."

얼굴이 붉어졌지만, 새삼스레 자각했다. '그래, 나는 멋짐을 선택했었지.' 멋있다는 것은 자기 내면의 목소리를 듣고 나답게 살아가는 태도라고 생각한다. 발도르프 교육이 좋아 꾸준히 배움의 끈을 가져왔고 시골 생활이 좋아 귀농까지 감행했으니 감히 '멋짐'이라 이름 붙여 본다.

농사짓는 삶을 살다가 다시 아이들을 만나고 싶다 마음먹고,

수업 전 아침열기를 위해 만들어놓은 교실

아이들과 그린 습식수채화

아는 선생님이 대표로 계시는 발도르프 학교에서 일하기로 했다. 회색 도시로 돌아가긴 싫었다. 내 몸과 마음이 지향하는 색은 초록이었다. 농촌에 살아보니 어떤 종류의 일을 하더라도 나는 시골에 살아야 좀 더 깊은숨을 쉴 수 있다는 것을 깨달았다. 지역만 이동했을 뿐 똑같은 초록 배경의 자연에 자리 잡았다. 물이 맑게 흐르는 양평의 작은 학교였다.

1월 1일에 이사를 했고, 1월 2일부터 출근했다. 빨리 일터에서고 싶은 마음이 가득했다. 발도르프 교육을 이론으로 공부했지만, 현장에서 펼치는 것은 처음이라 설레는 마음이 가득했다. 부지런히 익혀 아이들을 즐겁게 만나고 싶었다. 스물여덟의 첫 일탈 이후 하고 싶은 일이 업이 되는 삶이 계속되었다.

내가 일한 발도르프 학교는 장애 아이들이 많이 다니는 곳이었다. 설립자인 대표 선생님께서 특수교사 출신이었고 독일에서 발도르프 특수교육을 전공하고 오신 분이셨다. 대학 시절 '민들레' 잡지로 이어진 인연이 글을 타고 흘러 같은 학교에 합류하는 지점까지 도달한 것이다. 가슴을 열어두니 사람과 사람 사이에 연결된 보이지 않는 끈을 찾을 수 있었다.

발도르프 교육만이 정답은 아니지만 분명 탁월한 부분이 많다. 내가 매력적으로 보는 면은 장애가 있건 없건 교육과정과 교과목의 구조가 같다는 점이다. 인간을 어떤 관점으로 바라보아야 하는지 연구한 루돌프 슈타이너가 인간에 대한 앎, 즉 '인지학'을 중심으로 동료들과 교육철학과 방법론을 펼친 것이 '발도르프 교육'의 시작이었다. 장애와 비장애 이전에 모두가 동등한 인간이므로, 나이마다 접해야 하는 경험치의 종류는 같았다. 1학년이 되면 글자와 숫자, 형태 그리기를 배우고 아이가 할 수 있는 수준의 수공예 작업을 한다. 3학년이 되면 농사를 짓고 집 만들고 옷 만드는 생활사 과목을 시작한다. 5학년이 되면 역사를 배

우리 반 수업 장면

우고, 6학년이 되면 과학을 통해 세상을 경험한다. 만년 치료센터 다니며 한글과 숫자 한 우물만 파다가 경험의 폭이 좁아질 대로 좁아져 학령기를 마무리하는 우리나라 특수교육 현실과는 달랐다.

　우리 학교 학생들은 일반 학교에 다니다가 적응이 힘들어서 온 아이들이 대부분이었다. 아직은 갈 길이 먼 한국의 통합교육 환경에서 꼬리 역할만 하다가 자존감이 무너진 아이들이, 어눌한 발음이지만 큰소리 땅땅 쳐도 받아주는 환경에 오니 웃음을 되찾았다. 학교 오는 것이 좋아 방학을 싫어하는 아이들. 이 문장 하나면 다 설명되지 않을까? 그만큼 아이들은 행복했고 학교와 친구와 선생님을 사랑했다.

　시골 학교 선생님으로 꿈같은 시간을 보냈다. 발도르프 교육은 교재가 따로 없고 교사가 만든 교육내용이 교과서가 되는 시스템이라 한 주기의 수업을 위해서 자료들을 모으고 재구성하는 노력을 해야 했다. 정성껏 칠판 그림을 그렸고 긴 시간을 들여 동료 교사들과 협의했다. 가르친 내용은 매일 수업일지에 기록했다. 의사 전달이 어려운 아이들을 위해 부모와 교사가 날마다 관찰일지도 써서 교환했다. '가정과의 긴밀한 소통'과 '아동 관찰'이라는 교육철학이 현실로 실현되었다.

　몸의 균형이 깨진 아이들에게 숲을 걷는 일은 치유였기에 일주일 중 하루는 산에서 지내기도 했다. 작은 텃밭을 일구어 아이들과 농사를 지었고 감사한 마음으로 요리를 만들어 먹었다. 맑은 물 힘차게 흐르는 냇가를 지나 야생화 가득한 길을 산책했다. 나무가 보이면 신나게 올라탔고 흙과 풀을 만지며 놀았다. 절기에 따라 축제를 펼치며 아름다움을 노래했다. 어느새 3년 가까운 시간이 흘렀다.

　양평으로 이사 오고 얼마 되지 않아 결혼을 했다. 귀농지인 홍성에서 만난 남자친구였고 시의적절하게 이사와 학교근무, 그리고 결혼생활까지 이어진 것이었다. 발도르프 교사 일에 집중하고 싶어 2세 계획은 천천히 하자 이야기를 나눴는데, 이제는 내 아이를 절실히 만나고 싶었다. 학생들과 함께하는 공적인 삶도 좋았지만 꿈꾸던 세상 벅차도록 경험한 개구리는 이제 미시사적 일상을 꾸리고 싶었다. 때가 된 거였다. 너무 빠른 것도 너무 느린 것도 아닌 나의 때. 미리 학교에 이야기했고 남은 학기까지 잘 마무리했다.

새로운 장소에 가고 새로운 직업을 선택할 때마다 그전에 했던 일과 관계의 체증을 해독하기 위한 최소한 시간을 가지지 못한 채 바로 적응하려고 애썼다는 것을 깨달았다. 이번에는 전환의 시간을 제대로 가지리라! 얼마 안 되는 월급을 아껴 모은 돈으로 남편과 태국으로 여행을 떠났다. 끝없이 펼쳐진 에메랄드빛 바다와 초록 야자수 가득한 대자연의 아름다운 섬! 깊은 휴식의 시간이었다. 그리고 푸른 에너지와 함께 아기가 찾아왔다.

돌아보니 돈은 못 남겨도 멋짐을 남긴 시절임은 틀림없었다.

전국 발도르프 학교 정보 내 아이를 발도르프 학교에 보내고 싶은 분들이 많을 것이다. 한국발도르프학교연합이 2021년 5월에 창립되었는데, 전국 1천여 명의 아이들의 배움터인 15개 발도르프 교육기관이 소속되어 있다. 15개의 발도르프 학교의 목록은 아래와 같다.(출처 : 한국발도르프학교연합 www.waldorfedu.kr) 연합회에 들어가지 않은 발도르프 학교도 있을 수 있으니 자신이 사는 곳 중심으로 구체적인 정보를 찾아보길 바란다. 유아 교육기관이 궁금하다면 인지학센터 홈페이지 (http://steinercenter.org)에 '발도르프 관련 기관'이 잘 정리되어 있으니 참고하면 좋겠다.

위치	이름	주소	홈페이지	전화번호
경기 남부	동림자유학교	경기도 용인시 처인구 포은대로 1272번길 79	drfreeschool.kr	031-334-8345
	성남 자유발도르프학교	경기도 성남시 수정구 금토로 142	snwaldorf.org	031-755-5004
	안양 발도르프학교	경기도 안양시 만안구 예술공원로 103번길 45	awschool.co.kr	031-472-9113
	청계 자유발도르프학교	경기도 의왕시 청계로 189	cgfreeschool.kr	070-4322-0200
	푸른숲 발도르프학교	경기도 광주시 퇴촌면 산수로 870-87	gforest.or.kr	031-793-6591

위치	이름	주소	홈페이지	전화번호
경기 동부	나스슐레 (&나스칼리지)	경기도 양평군 용문로 말치길 41	nazschule.org	031-773-4677
	물빛고운 발도르프학교	경기도 양평군 강상면 학곡길 19번길 3-5	mulbitwaldorfschool.modoo.at	031-771-7116
경기 서북부	고양 발도르프학교	경기도 고양시 덕양구 대장길 45-1	https://cafe.naver.com/sanaraeschool	070-8156-0294
	부천 자유발도르프학교	경기도 부천시 길주로 560번길 35	https://cafe.naver.com/bucheonfschool	032-614-5272
서울	서울 빛들발도르프학교	서울시 강서구 초록마을로11길 28	https://cafe.daum.net/gswaldorfschool	010-9469-2630
	서울정릉 발도르프학교	서울시 성북구 보국문로 29가길 11	https://cafe.naver.com/freejeongneung	070-4135-2010
대전	대전 자유발도르프학교	대전시 유성구 갑동로 71-20	https://cafe.daum.net/Daejeonfreeschool	042-825-7222
부산	부산 발도르프학교	부산시 남구 유엔평화로 110-39	busanwaldorf.com/	051-621-7643

위치	이름	주소	홈페이지	전화번호
전라	무등 자유발도르프학교	전남 담양군 수북면 고리대길 106-29	mdwaldorf.org	061-383-1175
	잇다 자유발도르프학교	전남 담양군 대전면 서옥화암길 34-20	https://cafe.naver.com/iddafreeschool	061-382-2016

5

엄마 되기 첫 번째 미션,
조산원을 찾다

풀과 꽃 사이에서 뒹굴며 뛰어노는 아이들. 귀농지에서 만난 언니들의 마당 풍경은 아름다웠다. 돌 지난 아기가 부모 따라 흙을 파고 씨앗을 심으며 "심! 심!"이라고 외쳤다. '심는다'라는 말을 하도 많이 들어 "심~"부터 말하는 꼬맹이를 보며 한바탕 웃었던 기억이 난다. 자연스럽게 나도 아이를 자연에서 키워야겠다 마음먹었다.

임신 테스트기의 선명한 2줄을 보고 뛸 듯이 기뻤다. 아이를 가지려고 마음먹으면 바로 찾아올 줄 알았던 순진한 계산과는 달리 수개월을 노력하며 기다렸다. 몇 년을 기다린 부부들에 비하면 적은 나날이지만 내게는 간절한 시간이었다. 자신을 좀 더 절실하게 맞이해주실 바랐던 걸까, 182일이라는 기다림 끝에 임신을 확인한 날, 생애 가장 큰 선물을 받은 것처럼 행복했다.

그 무렵 '아기, 어떻게 낳을까 – 자연주의 출산이야기'라는 다큐멘터리가 방영되었고, 나름의 큰 반향을 일으켰다. 젊은 부부들은 과도한 의료적 개입 없이 아이를 자연스럽게 맞이하고자 자연주의 출산 전문 산부인과를 찾기 시작했고 조산원 출산도 전례 없는 붐이 일어났다. 나도 아이를 자연스러운 환경에서 낳을 계획이었다. 귀농생활을 하며 이미 조산원에서 태어난 마을 아기들을 봐왔고 그 가정이 왜 그런 선택을 했는지도 알고 있었다. 인간도 자연의 일부이고 임신은 삶의 자연스러운 과정이기에, 전통의 방식대로 편안하고 아늑한 공간에서 아이를 맞이할 수 있다고 생각했다.

큰 규모의 병원보다 작은 조산원에 마음이 갔다. 전국에 몇 군데 남지 않은 조산원 중 우리 집에서 가장 가까운 곳이 어디일까 찾아보았다. 감사하게도 갓 개원한 조산원이 가까운 거리에 있었다. 전통 있는 서울의 조산원에서 부원장님으로 계셨던 조산사님께서 한 달 전에 오픈한 따끈따끈한 곳이었다. 무엇보다 조산사님의 블로그에서 아기가 한 명 한 명 태어나던 순간을 기록한 글을 읽으니 사랑과 정성이 느껴졌다. 여기구나, 감이 왔다. 뱃속에 자리 잡은 소중한 생명을 따뜻하게 안고 조산원으로 향했다.

조산사님은 온화하면서도 단단한 분이었다. 어린 자녀가 둘 있는 젊은 분이셨고, 지향하는 바가 비슷해서 말이 잘 통했다. 대학병원 간호사 출신으로 의료적으로 해박한 지식을 가지고 있어 다른 건강 상담까지 편하게 할 수 있었다. 조산원을 찾는 엄마들도 나이대가 비슷했고, 남이 가지 않는 좁은 길을 찾은 만큼 자연과 생태, 공동체에 대한 나름의 철학이 있었다. 자연스럽게 조산사님을 중심으로 예비 엄마, 선배 엄마들이 함께 어우러졌다. 이름하여 '미역국 데이'.

한 달에 한 번 조산사님께서 미역국을 한 솥 끓여 엄마들을 초대하셨고, 엄마들은 나눠 먹을 먹거리를 양손 가득 들고 모였다. 다채로운 색깔의 아기띠에 주렁주렁 매달린 귀여운 아기들과 함께. 건강한 음식을 먹으며 자연주의 육아 소식을 전하고 육아용품도 나누는 뜻깊은 자리였다. 내가 드릴 수 있는 교육 정보와 발도르프식 놀잇감 만드는 법을 가르쳐드렸고, 아기가 쓸 포대기와 옷, 책 등을 나눔 받았다.

'미역국 데이'는 훗날 엄마들을 위한 교육의 장으로 확대되어 유아교육 전문 강사를 모셔 배움을 얻는 장으로 이어지기도 했다. 예비 엄마였던 나는 볼록한 배를 안고 서울, 구리, 하남, 남양주, 양평, 광주 등 곳곳에 사는 엄마들의 집을 순례하며 자발적 소모임을 이어갔다. 그 시간을 통해 기쁨을 나누고 외로움을 달래며 아기를 더욱 반갑게 기다릴 수 있었다.

자연에 내맡긴 삶, 자연스럽게 흘러가는 삶을 살아가니, 철마다 소중한 시절 인연이 생겨났다. 엄마들의 연대는 큰 행복이자 위로였다. 지금도 소식을 전하며 왕래하는 조산사님은 나의 육아 멘토이자 아이들 아플 때 기댈 언덕이 되는 우리 집 주치의이시다.

 전국 조산원 정보

자연주의 출산 방법으로 아이를 만나고 싶다면, 자신의 집 가까운 곳에 있는 조산원을 찾아보면 좋겠다. 조산원 외에 자연주의 출산 센터가 있는 여성병원이나 대학병원도 있으니 여러 방면으로 알아보고 아이를 자연스럽게 맞이할 곳을 선택하길 바란다.

조산원	주소	연락처
김순선 조산원	제주특별자치도 제주시 오남로 224	064-757-5141 010-3697-5141
데레사 조산원	경기도 평택시 서정역로36번길 24-3	031-663-7146
둥지 조산원	서울특별시 서대문구 응암로 98 2층	02-303-5315
마마스 조산원	서울특별시 용산구 대사관로 60 3층	02-797-3573 010-7170-1099
맘스베베자연출산1 조산원	경기도 안양시 동안구 시민대로 401 219호	031-389-8873 010-4244-6344
맘스베베자연출산2 조산원	경기도 안양시 동안구 시민대로 401 220호	031-389-8873 010-8217-1741
부산 조산원	부산광역시 수영구 연수로 407	051-752-4493 010-5627-5677
아기탄생 조산원	경기도 의왕시 포일로 17 세양청마루아파트 301호	031-425-8597 010-2447-8231
엄 조산원	충청북도 청주시 청원구 공항로13번길 2	043-253-2700 010-3582-2398
열린가족 조산원	경기도 부천시 부흥로 260 3층	0507-1422-9900 032-324-9900
온누리 조산원	경상북도 영천시 강변로 51 2층	054-333-9907 010-4461-9961
이명화 조산원	경기도 안산시 단원구 선부광장1로 14 (선부동) 광원빌딩 208호	031-410-3573 010-2803-3573
일신 조산원	서울특별시 동대문구 답십리로58길 57	02-2244-2841 010-5304-2841
평화 열린 조산원	경상남도 창원시 마산회원구 합성동1길 1 (합성동)	055-256-9236 010-4433-9236

출처 : 대한조산협회 http://www.midwife.or.kr

6
응급수술을 넘어 찐 자유를 맛보다

아이의 뱃속 이름은 '보리'였다. 가을에 씨 뿌리면 겨울과 봄철 내내 파릇파릇 밭을 지키는 보리처럼 푸르게 자라라는 의미였다. 무엇보다 '보리'라고 말하면 입안 가득 푸르름이 느껴져서 좋았다.

"키도 크고 왕 골반에다 건강관리도 잘하셨으니 아이도 순풍 잘 낳겠어요."

출산 전 마지막 진료를 마치며 조산사님께서 하신 말씀이다. 나도 남편도 순산을 확신했다. 채식주의자는 아니지만 가장 좋아하는 음식이 채소전이나 나물일 정도로 건강하게 먹는 것을 좋아했고, 굳이 몸을 나쁘게 하는 생활 습관은 곁에 두지 않았다. 아기를 품고 나서는 대부분 그러하듯 먹거리에 더욱 신경을 썼고 직장 그만두고 남는 시간 동안 맑은 자연 속을 날마다 거닐었다.

매년 일구었던 텃밭을 뱃속 아기와 함께 가꾸었다. 무리하지 않을 정도의 적당한 움직임은 나와 아기에게 활력을 주었다. 10평의 아담한 땅에서 흙 만지고 씨앗 심고 모종을 가꾸었다. 농사학교 출신답게 채소 지지대 세우고 줄로 묶는 일에는 나름 달인이라 토마토, 고추, 오이 등 열매채소를 가꿔 제철 먹거리를 풍성하게 거두었다. 포근한 햇살 속에서 볼록한 배를 안고 밭둑에 난 냉이와 논둑의 쑥까지 몇 소쿠리 캐서 이웃과도 나누고 나도 가득히 먹었다. 보약만큼 든든했다.

뜨개질하는 동안 배는 불러왔고, 제빵과 자수, 재봉까지 섭렵하니 막달이 되었다. 신기할 정도로 출산에 대한 두려움이 없었다. 귀농한 주변 선배 엄마들이 아이를 평온하게 낳아온 모습을 봐왔고, 친언니도 아들 셋을 무리 없이 낳았다. 임신 초반에만 입덧이 조금 있었을 뿐 이후에는 몸도 가벼운 편이었고 컨디션도 가뿐하게 유지되었다. 자연 속에서 건강하게 살아왔기에 내 아이도 자연스럽게 나올 거라 믿었다.

〈인간에 대한 보편적인 앎〉에서 발도르프 교육의 창시자 루돌프 슈타이너는 아이가 세상의 빛을 보기도 전에 교육을 시키는 것은 크게 소용이 없다고 했다. 아이가 물질적 차원의 세계 질서

속에 실제로 들어섰을 때에, 즉 어린이가 외부의 공기로 숨을 쉬기 시작해야만 비로소 교육을 시작할 수 있다고 덧붙였다. 아이를 위해 특별히 태교라고 부를 만한 것을 하지 않아도 되는 것이었다. 그저 올바른 삶을 살려는 마음으로 편안하게 지내면 되겠구나. 대학 졸업하고 10년이 넘도록 바쁘게 일하고 배우던 삶을 드디어 내려놓은 임신기간, 내가 좋아하는 것과 하고 싶은 것들 실컷 하며 기쁘게 보냈다.

출산 예정일이 4월 10일이었는데 아기가 나올 기미가 없었다. 슈퍼 울트라 초강력 태반을 가지고 있어서 아기가 아직 뱃속

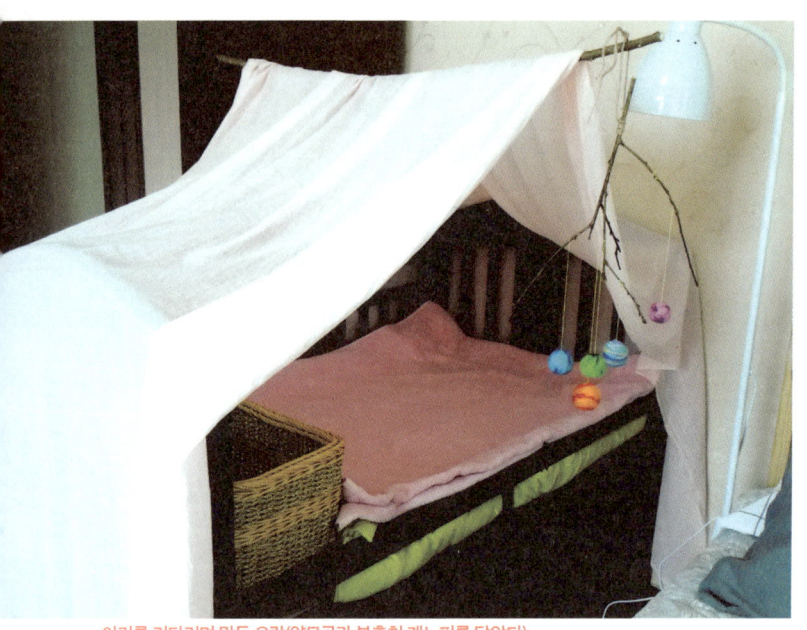

아기를 기다리며 만든 요람(양모공과 분홍천 캐노피를 달았다)

에서 살 만하구나, 활발하게 발길질하며 자신의 존재를 알리는 아기의 움직임을 느끼며 긍정적으로 생각했다. 기본 병원 진료를 겸하고 있어서 병원 가서 건강 상태도 확인했고 조산사님과도 긴밀하게 소통하고 있었다. 더욱 부지런히 걸었고 짐볼 운동도 했다. 우리 보리 어서 나오자 달래며 불룩한 배를 안고 동네 낮은 동산도 살살 올라갔다 내려왔다.

예정일에서 10일 정도 지난 이른 새벽, 일어나 화장실에 갔는데 뜨끈한 물이 푹 소리를 내며 흘러나왔다. 양수가 터진 거였다. 드디어 아기를 만나겠구나! 고이 싸둔 출산 가방을 들고 남편과 조산원으로 향했다. 떨리면서도 설레는 마음이었다.

가진통은 며칠 전부터 겪었고, 평소 생리통이 심한 편이라 그것보다 좀 많이 아픈 정도겠지 했는데, 헉, 진통은 상상 이상으로 힘들었다. 무통 주사나 촉진제를 쓰지 않는 자연주의 출산이라 아기가 내려오는 순간마다 통증을 그대로 느꼈다. 하지만 링거를 꽂지 않아 움직임이 자유로웠기에 내 몸이 이끄는 대로 걷기도 하고 짐볼 위에 올라가기도 하고 욕조에 몸을 담그기도 하며 이완할 수 있었다. 조산원의 적당히 어둡고 포근한 방에서 남편과 함께 그 시간을 온전히 맞았다. 조산사님께서 든든한 감독으로 모든 상황을 진두지휘하고 계셨다.

예상과는 달리 진행이 더뎠다. 내 몸이 내 맘대로 되지 않는 긴 시간. 낮이 밤으로 바뀌었고 다시 새벽이 찾아왔다. 조산사님께서 80%쯤 진행되었으니 본격적으로 아기 만날 준비해야겠다고 하시는 찰나, 계속 체크하고 있었던 아이의 심박이 유의미하게 빨라졌다. 내 몸만 힘든 줄 알았는데 아기도 좁은 통로를 넓히며 내려오느라 힘들었던 거였다.

건강하게 아기를 만나야지, 무리해서는 안 된다, 재빨리 판단했다. 칠흑같이 깜깜한 새벽, 생애 첫 구급차를 타고 협진 대학병원으로 갔다. 급히 전신마취를 했다. 차가운 수술방에서 제

첫째의 50일을 축하하며 습식수채화 왕관 쓰고~

왕절개 수술로 보리가 태어났다. 순식간에 벌어진 일이었다.

　아기는 건강하게 태어났다. 천만다행이었다. 다만 수술로 낳을 거라고 0.00000000001%도 예상하지 않았던 나는 말 그대로 '멘탈 붕괴'였다. 마취에서 깨어난 후 열이 이상하게 떨어지지 않아 덜 아문 배를 부여잡고 피검사부터 CT 촬영까지 할 수 있는 검사를 다 했다. 미숙아 출산을 주로 돕는 큰 대학병원에서는 신생아실 드나드는 횟수가 철저히 제한되어 있어 보리를 볼 수 있는 시간은 하루에 2번, 10분 남짓이었다. 아기가 눈앞에 있는데 제대로 안아보지도 못하는 상황에 자꾸만 눈물이 났다. 출산 직후 찾아온 깊은 우울이었다. 다행히 내 몸에 큰 이상이 없었고 열은 며칠 만에 잡혔다. 가까스로 몸을 추스르고 아기를 안아서 집에 오니 비로소 안도의 깊은숨이 터져 나왔다. 가볍게 나들이 갔다가 전쟁통 속을 통과한 기분이었다.

　아이를 수술로 만났다는 사실은 한동안 나를 무겁게 짓눌렀다. 주변에 자연 출산한 아이들이 부러웠고 내 아이에게 한없이 미안한 마음이 들었다. 그동안 내 한 몸 건사하며 살아가는 건 쉬운 거였구나, 부모가 되는 일은 시작부터 예측 불가능이었다. 가만히 있으면 눈물이 쏟아질 만큼 우울했지만 계획한 대로 되지 않아도 생은 계속되었고 또 나름대로 살 만했다. 아기는 방긋거리며 힘차게 자라고 있었고, 행복의 조각은 드문드문 모습을 드러냈다. 우울의 늪을 지나 주변을 찬찬히 둘러보았다.

모든 것을 통제할 수도 없고, 통제하지 않아도 되겠구나. 손아귀에 꽉 쥐고 있던 '반드시 이렇게 살아야 한다'라는 완벽주의의 돌을 내려놓았다. 힘주고 있던 주먹이 사르르 풀렸다. 실금이 가 있던 알이 탁 깨졌다.

홍세화 씨가 쓴 〈나는 빠리의 택시 운전사〉에서 프랑스 학생들은 학령기 동안 '관용'을 배운다고 했다. 관용을 '다른 형태의 삶에 대한 이해와 포용'이라고 정의한다면, '정답이 있는 경쟁사회'에 살았던 나는 관용을 가슴으로 받아들이지 못했다. 출산이라는 역대급 사건을 통해 인생의 포용도가 한 뼘 넓혀졌다. 깨진 알 사이로 자유의 바람이 불어왔다.

ㄱ
브이백 도전,
나답게 쭉 살아갈 거야

 "너희 엄마가 '안 돼' 하면 진짜 안 되는 거야."

아기 키우며 만나던 동네 엄마가 말했다. '안 된다'라는 말을 잘 쓰지 않고 육아하는 내 모습을 보며 우스갯소리로 하는 말이었다. 장애가 있는 아이들을 만나왔고, 귀농생활, 발도르프 학교 교사 생활을 하며 다양한 아이들을 경험했기 때문일까, 반드시 훈육해야 할 상황 외에는 웬만큼 이해되니 굳이 안 된다고 다그칠 필요가 없었다.

엄마들이 만지면 안 된다며 "지지~"라고 하는 부분에 대해 허용 정도가 큰 편이기도 했다. 시골에서 어린 시절을 보냈고 자연을 좋아하는 마음이 커서 흙이나 풀에서 뒹굴고, 돌과 나무를 온몸으로 느끼는 아이를 제지하시 않았다. 마당 딸린 집에서 아이를 키우면서 맨발로 잔디밭을 뛰어다니게 했다. 무당벌레, 메뚜기는 호기심을 채우기 위한 선물이었으며, 오래된 주택에 사는 다리 많이 달린 돈벌레는 애완동물이 되었다. 도시에서 나고 자란 남편이 문화 충격을 받을 정도로 아이는 풀밭에서 마음껏 놀았다.

일가친척이 멀리 떨어져 살아 양가의 육아 지원은 꿈도 못 꿨다. 챙겨 먹는 일도 힘들었고 잠도 제대로 못 자 몸은 비쩍 말라갔으며, 아기띠와 한 몸이 되어야 했지만, 아이의 활짝 핀 미소 한 방에 세상 다 가진 듯 행복이 리셋되었다. 한 생명이 태어나 자라는 모습을 온몸으로 지켜보는 일은 상상 이상으로 경이로웠다.

출산 과정에서 만난 특별한 이벤트 덕분에 마음의 입지가 좀 더 넓어졌다. 늘어난 평수에 둘째가 어느 날 문득 자리 잡았다. 자연에서 첫째를 키우며 한층 느긋해진 나는 편안하게 둘째를 맞이할 수 있었다. 숲처럼 울창하고 풍요롭게 자라길 바라는 마음에서 둘째의 태명은 '숲이'로 정했다.

인생에 정답은 없고 아이는 그저 건강하게 낳으면 되지만 한 사람이 가진 고유 색채는 바래지 않는다. 가능하다면 숲이를 자연스럽게 만나고 싶었다. 이번에는 자연주의 출산을 하는 병원을 찾았다. 메디플라워, 연앤네이쳐 등 자연주의 출산 전문 여성병원과 전국에 몇 군데 대학병원이 있었는데, 나는 집에서 가까운 '순천향대학교 서울병원 자연주의 출산센터'로 결정했다. 정밀검사 끝에 담당 교수님께서 브이백(VBAC-vaginal birth after cesarean, 첫째 아이를 수술로 낳고 둘째를 수술 없이 자연 분만으로 낳는 것)이 가능할 것 같다고, 시도해 보자고 말씀해 주셨다. 할 수 있는 데까지 해보고 안 되면 바로 수술을 통해 출산하자는 대안도 약속해두었다.

첫째를 닮았을까, 아니면 내가 정말 슈퍼 울트라 특급 건강 자궁을 가진 거였을까, 숲이도 예정일을 꽤 넘긴 어느 새벽 불쑥 신호를 보냈다. 이른 새벽 병원에 도착해서 남편의 도움을 받으며 진통을 맞이했다. 천천히 골반이 열렸고, 주기적으로 강도가 센 진통이 몰려왔다. 앉았다가 섰다가 짐볼 운동을 하며 호흡으로 아픔이 지나가기를 기다렸다. 남편을 안고 춤추듯 방을 걷기도 하고 쪼그려 앉아있기도 하고 창밖을 보며 스트레칭하면서, 몸이 원하는 대로 진통의 주기를 보냈다.

아침이 되고 낮이 되고, 이 고통이 언제쯤 끝날까 싶을 무렵 욕조에 들어가도 좋다는 허락이 떨어졌다. 끙 차! 젖 먹던 힘 저리 가라 할 것이 애 나올 때의 힘이었다. 몇 차례의 힘 주기 끝에 숲이는 따뜻한 물 속에서 큰 울음 없이 태어났다. 몸의 감각이 온전히 열린 상태에서 새로운 생명을 맞이하는 순간 말로 설명 못 할 감동이 일었다. 따뜻한 가슴에 안겨 말똥말똥한 눈으로 엄마 아빠를 바라보던 숲이를 떠올리니 지금도 꿈결 속에 있는 것 같다.

친구에게 잠시 부탁해 놓았던 첫째를 데리고 와 네 식구 옹기종기 모여 병원에서의 하룻밤을 보냈다. 세상 누가 덤벼도 이겨낼 수 있는 막강한 완전체가 된 기분이었다. 충분하고 행복했다. 자연스러운 분만 방식은 여러모로 편했다. 다음 날 바로 걸어서 집에 돌아올 수 있었고 회복도 빨랐다.

삶이 팍팍하게 느껴질 때 감사를 떠올리면 에너지가 전환된다. 숲이의 탄생은 신이 주신 감사의 시간이었다. 알에서 깨어난 나에게 신은 충만한 경험치를 선물한 걸까. 결국 자연주의 출산을 해봤다. 그렇게 나는 두 아이의 엄마가 되었다.

아이들을 만나는 과정을 통해 '관용'을 깨달았고 '감사'를 배웠으며 꾸준히 알을 깨고 나오는 경험을 하고 있다. 아이의 성장과 함께 판단하고, 상황에 따라 또 선택하고. 엄마인 내가 할 수 있는 최선은 시나리오가 펼쳐지는 무대에서 한 발 뒤로 물러나 오늘의 연극에서 배워야 할 교훈이 무엇인가 찾는 것이었다. 그리고 분명히 있을 행복을 느끼는 일뿐이었다.

둘째 첫돌에 두 아이 같이 찍은 사진

2부
감성을 풍요롭게 하는 발도르프 자연육아

8
40년 차 프로 시골러, 나를 관통한 초록빛으로 아이를 만나다

나는 모내기가 한창이던 6월에 태어났다. 엄마가 국수 가득 든 광주리를 이고 고개 너머 논배미에 새참 갖다준 다음, 다시 언덕길 넘어오며 산통이 시작되었다고 하셨다. 겨우 걸어와 아이 받아주시는 동네 할머니께 "아(아기) 곧 나올 것 같심더" 급히 전하고는 어기적어기적 기어서 집 대청마루에 들어서니 곧바로 내가 태어났단다. 위로 언니 오빠가 나온 길 따라 그렇게 순풍 태어났을까.

'마루둥이'인 건 그나마 다행이었다. 걸어서 멀리 오일장 오가던 아주머니들이 다리 밑에서 해산하는 일도 가끔 있던 시절이었다. '다리 밑에서 주워 왔다'라는 말은 괜히 나온 게 아니었던 거다. 다리둥이가 되어 우리 엄마 위험하거나 곤란하게 하지 않게 한 것이 감사했다.

　태생부터 모내기와 논배미, 대청마루와 연결된 나는 '프로 시골러'다. 부모님을 비롯한 마을 어른들은 대부분 농사를 지었다. 산골 동네에는 차를 가진 집이 없었고, 88 오토바이가 가장 빠른 교통수단이었다. 전화기도 몇몇 집에만 있어서 급한 일 있는 동네 사람들이 공유해서 쓰곤 했다. 자기 집 차가 아반떼냐, 소나타냐 비교하는 게 아니라, 우리 집 경운기가 대동이냐 국제냐 친구들끼리 따졌다. 누가 최신식 트랙터를 샀다는 소식이 화제가 되는 마을이었다.

　동네 공터엔 마을 아이들이 나와 공차기, 전봇대 놀이, 비석 치기 등을 하며 놀았다. 초등학생 모두 마을회관 2층에 모여 같이 공부하던 야간 공부방의 추억도 있고, 일요일 아침 애향단 활동한다고 동네 방송이 나오면 마을 어귀에 모여 쌀자루 가득 쓰레기를 줍던 시간도 기억난다. 현대판 '줍깅'운동(봉사활동으로 걷거나 뛰면서 길거리의 쓰레기를 줍는 활동을 뜻하는 신조어)이 그 시절부터 있었다. 마을 대항 운동회에서 이기기 위해 저수지 옆 긴 둑길에 모여 이어달리기 연습을 했고, 최고 힘센 아이를 뽑기 위해 뒷산 양지바른 곳에서 씨름대회를 열기도 했다.

　군불 때는 집이 많아 아이들도 뒷산에 가서 갈퀴(누렇게 떨어진

솔잎)를 모았고, 소를 키우는 집 아이들은 저녁이 되면 소꼴(생풀이나 볏짚)이나 소죽(가마솥에 물 붓고 볏짚 푹 익힌 것)을 주러 일찍 돌아가야 했다. 봄이 되면 높은 산에 올라 진달래를 땄고, 지천으로 깔린 냉이와 쑥을 캤다. 눈 내린 날엔 토끼몰이하러 산으로 우르르 몰려갔고 비료 포대기에 볏짚 넣어 눈썰매 타러 다녔다.

결혼식이나 환갑, 칠순 등의 행사는 마을잔치로 성대하게 열렸다. 동네 어귀에 커다란 솥이 걸렸고 누구나 팔팔 끓는 고깃국 한 그릇씩 얻어먹을 수 있었다. 고춧가루 풀고 파 숭숭 넣은 경상도식 소고깃국은 빠질 수 없는 잔치 음식이었다. 떡이며 잡채며 평소 못 먹던 잔치 음식을 맛볼 수 있어 동네 꼬마는 물론 강아지들도 꼬리를 흔들며 반겼다.

고만고만 가난한 살림이었고, 집밥만 먹던 시절이었다. 차가 없으니 당연히 외식문화도 없었다. 과외나 학원도 없었고 오로지 정규 학교 수업만 받았다. 컴퓨터가 집마다 보급되기 전이었고, 방송국 3사 정규방송도 정해진 시간대에만 볼 수 있었다.

'국민학교'를 졸업하고 나니 '초등학교'로 이름이 바뀌었다. 컴퓨터가 집마다 놓이고 텔레비전 방송이 24시간 돌아가기 시작하며 후배 '초등'학생들은 더이상 밖으로 나오지 않았다. 어른들도 돈 안 되는 농사일을 내려놓고 새 일자리 찾아 도시로 떠나기 시작했다. 시골 학교 300명이었던 전교생이 200명으로, 100명으로, 50명으로 줄어들었고, 결국 학교 문이 닫혔다. 사람이 없으니 시골 문화도 사라져갔다.

지하철처럼 빠른 도시 생활이나 세련된 문화 예술의 혜택은 받지 못했지만, 나는 경운기 소리 탈탈 들리는 어린 시절이 참 좋다. 아마도 전통적인 시골 공동체 문화를 누려본 마지막 세대이지 않을까 싶다. 어른이 되어 만난 도시 친구들이 산부인과에서 태어났고 가족여행이라는 것도 다녔으며 외식도 하는 문화에서 자랐다 해서 깜짝 놀랐다. 친구들도 내 어린 시절 이야기를 들으며 자기 부모님 어릴 적 환경 같다고 믿기 힘들어했다. 한 일본인 친구는 자기 할머니 할아버지 세대와 같다고도 했다. 내 안에는 역동적으로 빠르게 성장한 한국 사회의 3세대 에너지가 함께 흐르고 있는지도 모르겠다.

초, 중, 고등학교를 농촌 지역에서 나왔고, 인근 도시의 대학에 갔지만 주말마다 시골집에 내려왔다. 직장 생활하면서 잠시 수도권 대도시에서 살아봤을까, 그때도 자연이 그리워 퇴근 후나 주말이면 공원과 산을 찾아다녔다. 다시 시골로 내려와 지금까지 쭉 살고 있으니, 나는 40년 차 시골 생활을 이어가고 있다.

풀무학교 전공부에 농사를 배우러 온 청년들의 입학 동기에는 신기한 공통점이 있었다. 어린 시절 내 집에서든, 할머니 집에서든, 어느 교외의 여행지에서든 자연의 향기를 잔뜩 묻혀봤다는 점. 어른이 되어 삶이 팍팍하게 느껴지고 삶의 이유와 뿌리를 찾아 방황하는 시기가 왔을 때, 과거에 흠뻑 취해본 초록 향기를 따라 자연스레 시골을 찾게 된 것이다. 사람도 자연의 일부이기에 당연한 회귀본능이었다.

흙에 구르고 풀밭에서 놀던 어린 시절을 아이에게 선물로 주고 싶었다. 초록 회귀본능을 가진 사람으로 자란다면 어떤 인생을 살더라도 눈 감으면 떠오르는 푸르른 풍경에 잠시 숨을 고를 수 있다. 그리고 자신의 삶을 꽃처럼 나무처럼 정성껏 가꿀 수 있을 것이다. 수년간 지어온 텃밭을 아이들과 함께 이어가는 이유도 마찬가지다.

텃밭 농사는 적어도 입에 풀칠하며 삶을 영위할 수 있는 가장 오래되고도 미래에 필요한 기능이다. 인간은 수렵채집 시절부터 입에 '풀'을 칠하며 생명을 이어오지 않았던가? 반도체나 전기 에너지를 뜯어먹을 수는 없다. 제 손으로 농사지은 것을 자기 입으로 먹는 적정기술은, 어느 불모지에 떨어져도 씨앗부터 뿌리는 희망의 태도를 이끌어주리라 믿는다.

내 어른 시절에도, 우리 아이들의 시간에도 행복한 초록 장면이 많으니 충만함이 두 배가 될 거라고 확신하며 오늘도 시골 살이를 이어가고 있다.

아이들과 함께 기른 텃밭 푸성귀

직접 수확한 토마토

당장 땅이 없다면 상자 텃밭이라도!

나도 아이랑 초록 씬을 많이 찍고 싶은데, "땅이 없어요!"라고 외치는 분이 계신다면, 규모가 아닌 태도로 시작해보라고 권하고 싶다. 조그마한 아이의 눈에는 작은 화분이나 상자도 흙이고 땅이다. 나도 어느 해인가 버려지는 스티로폼 상자에 구멍을 뚫고 그림을 그려서 작은 상자 텃밭을 마련했다. 키우기 쉬운 잎채소로 상추나 쑥갓, 치커리, 겨자채, 근대, 아욱 정도는 충분히 잘 자란다. 좀 더 신경을 쓴다면 방울토마토나 고추까지는 키워볼 수 있지 않을까? 상추 한 포기라도 씨 뿌려 키우고 수확해서 먹어본다면 아이에겐 새로운 초록 세상이 열릴 것이다.

아이들과 만든 상자 텃밭

9
우리 집 이름은 쉴라

아스트리드 린드그렌이 쓴 '내 이름은 삐삐 롱스타킹'에서 삐삐가 오두막집 이름을 '빌라빌레쿨레'라고 지은 장면이 재미있었다. "우리도 삐삐처럼 집 이름을 지어주자." 아이들과 의논해서 작명한 우리 집 이름은 '쉴라'였다. 편안한 쉼을 주면서도 무언가 신나는 일이 벌어질 것 같은 느낌의 이름이었다.

부모의 손길이 많이 필요한 어린 시절에 아이 양육하는 일을 내 본업으로 삼기로 했다. 언제까지 아이를 전업으로 키울 것인가에 대한 정답은 가정마다 다르겠지만 내가 경험한 것과 공부한 것을 토대로 되도록 나의 손길 안에서 오랫동안 키우고 싶었다. 발 빠른 계산보다 의미를 찾는 일에 진심이었던 나와 결이 비슷한 남편의 급여는 시민단체 실무자 수준의 박봉이었다. 여건이 충분하진 않았지만 여태 그래왔듯 가치에 맞게 환경을 만들었다. 그러기에 최적화된 공간이 '쉴라'였다.

쉴라는 '적게 벌고 많이 누린다'라는 가치로 살아온 우리 가정에 가장 좋은 조건의 전원주택이었다. 거실문을 열면 100평 넓은 마당이 바로 이어졌다. 2층은 주인집이었고 우리가 1층을 사용했다. 양평에서 찾기 힘든 저렴한 전셋집이었다. 주인아저씨의 취미가 잔디밭 가꾸고 개 키우고 목공으로 집 꾸미기였는데, 내외분 모두 일하시느라 평일엔 얼굴 보기 어려웠고 이미 자녀들이 다 자라 마당까지 내려올 일이 없었다. 단 1의 수고도 없이 잘 가꾼 마당을 우리 가족이 오롯하게 누릴 수 있었다.

조경 잘 된 소나무 사이 짱짱하게 매단 빨랫줄에 이불과 옷을 걸어 햇빛에 바싹 말렸다. 마당에 온갖 과수나무가 있어 앵두며 블루베리며 오디, 밤, 감까지 철마다 싱싱하게 따먹었다. 주인아저씨가 깎아주신 푸른 잔디의 은혜 속에서 아이들은 기어 다녔고 맨발로 걸었고 땅을 박차며 달렸다. 마당 한쪽에는 원목 그네와 해먹이 바람에 살랑살랑 흔들렸고, 새하얀 파라솔 테이블과 의자도 자리 잡고 있었다. 이따금 손님들이 놀러 오면 신선한 푸성귀 가득 담아 바비큐 파티를 열었다. 마당에서 곤충 잡고 물놀이하고 뛰어노는 아이들을 바라보며 어른들의 담소가 정답게 이어졌다.

아보카도 싹을 본 적이 있을까? 채소 가꾸고 꽃을 심는 취미를 가진 엄마 밑에서 자란 아이들은 자투리땅이라도 있으면 뭐든 심으려 했다. 꽃삽 들고 수박 씨, 참외 씨, 복숭아 씨앗 들고 아장아장 걸어 나가 마당에다 심었다. 수도꼭지 틀어 물도 흠뻑 주었다. 아보카도 씨앗은 잘 말려 놀잇감으로만 쓰다가 어느 날 아이가 심어보겠다고 해서 마당 귀퉁이에 고이 묻었다. 일주일쯤 지났을까 길쭉한 줄기가 나오더니 큼직한 잎이 달린 것이었다. 그날은 우리 집 잔칫날이었다. 아이들과 덩실덩실 춤을 췄다. 영문 모르던 2층 아저씨의 잔디 기계로 유명을 달리하던 그날까지 우리 집 으뜸 조경수가 되어주었다.

전년도에 떨어진 꽃씨가 이듬해 다시 땅에서 싹을 틔우는 것을 본 적이 있는가? 정원을 가꿔본 이들은 알 거다. 그 자그마한 싹의 이름을 알아차리고, 갓 나온 앙증맞은 자태를 관찰하는 일이 얼마나 큰 행복인지. 감히 내 아이를 가지는 기쁨 다음으로 큰 즐거움을 주는 일이라고 생각한다. 요즘 같은 저출산 시대 인간이 생명을 잉태하고 낳은 경험은 많으면 두 번, 적으면 한 번, 또는 0번이 되기도 한다. 말랑말랑 부드러운 아기 살결과 달콤한 내음 가득한 생명 탄생의 희열을 다시 느끼고 싶다면, 흙에 떨어진 씨앗이 생명으로 고개 내미는 마당을 가꾸면 될 것이다.

봄이 되어 아무것도 없던 화단에 초록 싹이 고개를 빼꼼 내

밀었다. 아이들과 지난해 사다 심었던 수레국화의 아가였다. 엄마의 기쁨은 아이에게 데칼코마니처럼 전달된다. 나도 아이들도 싹을 애지중지 보살폈다. 날마다 물 주고 사랑 주며 자라는 모습을 관찰했다. 잎이 자라고 줄기가 길어지더니 그 끝에 꽃봉오리가 매달렸다. 며칠 숨죽여 기다렸다. 드디어 봉우리가 벌어지고 보석이 쏟아져나왔다. 보랏빛 꽃잎 한가득. 아이들은 본 것 그대로 그림을 그렸고, 나는 맛있는 빵을 구워 수레국화의 생일을 축하해 주었다.

수레국화의 생일을 축하하며
아이가 쓴 그림 편지

    거실에 앉아 마당을 바라보면 마치 숲속에 있는 것 같았다. 3면이 유리 통창으로 된 특별한 공간 속에서 푸른 마당과 그 너머의 울창한 나무들만 보였다. 미세먼지가 심한 날도 집에만 있으면 우리 집은 맑음 속이었다. 어쩌다 읍내로 나가서 뿌옇게 흐려진 시야를 확인하고 깜짝 놀랐던 적도 있었다. 산 입구에 있는 쉴라는 나무와 풀이 뿜어주는 신선한 공기로 어쩌면 미세먼지마저 넘어서지 않았을까. 코로나가 시작되고 나서 쉴라가 한층 더 고마웠다. 가만히 집에 머물면서도 견딜 수 있었던 이유는 우리만의 유토피아 '푸른 마당'에서 자연과 연결되었기 때문이다. 집

엄마가 만든 케이크와 촛불

에서 놀다가 갑갑해지면 마당으로 가자 외치고 그날의 상상력대로 놀이를 만들어 놀았다. 아이들이 어린 시절을 땅과 온전히 닿아있는 마당 있는 집에서 보낼 수 있어서 참 다행이었다.

발도르프 교육에서는 어린 시절 감각의 중요성을 강조한다. 마음껏 움직이며 고운 것들을 만져보고, 신선한 자연물을 맛보며 아름다움을 보고 듣고, 향기로운 삶을 경험하는 것. 감각이 열리면 감성이 충만한 아이로 자란다. 부모의 가치와 선택에 따라 어떤 환경에 살더라도 아이와 오감을 누리는 일상을 보낼 수 있겠지만, 마당은 자연육아를 쉽게 실천할 수 있는 특별한 장소다. 진정한 '감각 맛집'을 원한다면 땅과 닿은 '마당 있는 집'을 추천해본다.

마당에서 노는 아이들

마당이 보이는 거실

10
마당 있는 시골집에서 아이를 키우고자 할 때 전제조건

갓 서른이 넘어 들어온 양평에서 10년 넘게 살았다. 이곳에서 이사를 몇 번이나 다녔을까? 손가락으로 하나둘 꼽아보니 여섯 번이다. 경험 욕이 넘치다 못해 집도 하나의 경험치로 여겼을까, 자꾸만 이사할 기회가 찾아왔다. 새로운 환경을 좋아하고 적응력이 빠르다는 장점으로 이사를 해야만 하는 상황과 이삿짐 싸고 푸는 고단함을 녹여냈다. 그만큼 다양한 집에서 살아봤다. 다가구주택, 작은 구축 아파트, 큰 신축 아파트, 전원주택 등등.

이웃들의 집도 자주 방문했다. 아파트에 사는 분들도 있었지만 아이 키우는 엄마 대부분은 마당 있는 집에서 전원생활을 많이 했다. 사는 사람에 따라 각양각색의 집 모양과 인테리어가 펼쳐졌고 구경하는 재미도 쏠쏠했다. 나도 주택에 오랫동안 살았고 주변 지인의 집도 많이 방문해 보았기에 시골살이와 전원생활에 대한 관점이 나름대로 정리되었다. 마당 있는 집에서 아이를 키우려고 할 때 스스로 점검해 볼 수 있는 질문들을 소개해본다.

시골 마당 있는 집 구할 때 스스로 해보는 질문 3가지

#1. 나는 벌레를 어디까지 받아들이는가? 태어나고 자란 곳이 시골이라 곤충과 벌레들에 크게 겁내지 않은 1인이지만, 아이들과 살았던 시골집은 '왕지네'가 나오는 곳이었다. 1년에 12마리쯤은 거뜬히 만난 것 같다. 처음에는 '꺅~' 비명 지르고 도망치고 호들갑을 떨었는데, 나중에는 '헉!' 소리 속으로 가볍게 하고는 그냥 잘 보내준다.(주로 남편에게 부탁하지만)

거실에서 바라본 마당 풍경. 빨래를 말리는 중이다.

산과 계곡이 맞닿아있는 터에 낮게 지은 1층이라 지네와 공생하며 살았다. 모든 전원주택에서 지네가 나오는 것은 아니지만, 그래도 마당 어귀에서 흔하게 뱀이나 지네를 만날 수 있다. '돈벌레'라고 다리가 많지만 물지 않는 작은 벌레가 있는데, 마당 있는 집에서 흔하게 볼 수 있는 벌레 중 하나다. 처음에는 깜짝깜짝 놀라다가, 이 녀석은 아예 애완 벌레가 되었다. 기어 나오면 "늦기 전에 너희 집으로 가라" 하고 속삭이고 내버려 두는 수준. 그럼 또 없어진다.

거미는 이 종류 저 종류 참 많이 관찰된다. 거실 창밖에 살던 거대한 거미 한 마리가 생각난다. 아침마다 영롱한 이슬 머금은 거미줄을 쳐놓고 먹이잡이에 열중이던 녀석이었다. 워낙 무늬가 멋있고 크기도 큼직해서 아이들과 이름도 지어줬다. '세바스찬'이었던가? 바깥 거미들은 훌륭한 관찰의 대상이었고, 실내에서 발견되는 거미는 그때마다 휴지로 살며시 감싸서 밖으로 보내줬다.

자연과 가까이하는 삶은 벌레들과 함께 살아간다는 생각을 기본으로 장착해야 한다.

#2. 나는 얼마나 부지런한가? 비 내리는 여름밤, 창 열고 조용히 빗소리를 감상하고 있자면 참 운치 있다. 따뜻한 차 한잔 마

시며 일기까지 쓰면 참 행복하다. 그런데 마당 있는 집에선 말이 달라진다. 날씨가 더운데 비가 내린다는 것은 '풀과의 전쟁'이다.

언덕 위의 하얀 집, 그리고 푸르른 잔디밭을 위해선 엄청난 수고가 필요하다. 봄부터 여름 지나 가을까지 매주 한 번은 잔디를 깎아줘야 한다는 사실.

다행히 우리는 신의 축복을 받아 2층 아저씨께서 100평이 넘는 잔디밭을 주말 아침마다 깎아주시고, 잔디에 물도 주시고, 정기적으로 예초기 돌려 풀 깎아주시고, 해충 쫓는 연기도 뿌려주시고, 나무 가지치기해 주시며 온갖 잡무를 다 해주셨다.(온갖 마당 실무 다 보신 아저씨의 현실적인 조언 : 나중에 집 짓게 되면 마당을 최대한 좁게 하라!)

실제로 전원주택에 사는 친구들이 풀 때문에 힘들어하는 경우 많이 봤다. 소금을 뿌렸다, 뜨거운 물을 부었다 하는 사람들도 있었다. 어느 지인은 풀이 아직 작을 때 아침 일찍 토치(바비큐 숯불 불붙이는 그 기구 맞다)로 구워 없애는 방법이 제일 좋았다고 비법을 전수해 주시기도 했다.

내가, 혹은 내 파트너가 얼마나 몸 쓰는 것을 좋아하는가를 꼭 생각해보시길 바란다. 부부 사이에 금실이 좋아야 전원생활

성공한다는 말이 있는데, 둘 다 부지런해야 집을 잘 가꿀 수 있다는 말과 통하는 것 같다.

#3. 나는 적정 규모의 고즈넉함을 즐기는가? 전원주택이 위치하는 곳은 저마다 다르다. 기존 마을 안이 될 수도 있고, 새로 조성된 전원주택 단지가 될 수도 있고, 마음 맞는 이웃과 나란히 지은 곳일 수도 있고, 마을과 외떨어진 곳일 수도 있다. 인간 취향의 다양성이 집을 통해서도 나타나는 것 같다.

운이 좋아서 전원주택 단지에 있는 집을 구하거나 마음에 맞는 이웃들을 만나서 알콩달콩 즐거운 전원생활을 해나갈 수도 있겠지만, 그렇지 않으면 독야청청 푸르게~ 우리 식구끼리만 소통하며 지낼 수도 있다.

내가 살던 곳은 은퇴 후 조용하게 개인 생활을 누리길 원하는 어르신들이 주로 사는 마을이어서 아주 조용했다. 이웃끼리 서로 왕래하며 정답게 지내는 분위기는 아니었다. 엄마·아빠는 각자의 친구들도 있고 사회성을 채울 장이 있어서 괜찮았는데 아이들 동네 친구가 전혀 없다는 것이 살짝 아쉬웠다. 어린 아기나 유아에게 친구로 북적거리는 환경이 꼭 필요할까 생각해보니 또 괜찮았다. 부모아이 관계가 가장 중요한 때라 우리끼리 즐겁게 놀고 쉰다 생각하면서 하루를 마무리하곤 했다. 사람 만나고 친구 만들어주는 것이 자신과 아이에게 얼마나 중요한 가치인지 스스로 질문을 던져보며 집을 구하면 좋겠다.

마지막 팁 시골로 이사 오시는 분들에게 자주 권하고 또 많이 알고 있는 방법인데, 집을 바로 사거나 짓지 말고, 일단 2년 정도 전월세로 살아보고 결정하라는 거다. 시골에는 전원주택뿐만 아니라 숲과 닿아있거나 강이 보이는 아파트들도 있다. 공원 등의 녹지공간도 많은 편이다. 숲세권 강세권 아파트도 좋고 전원주택도 좋으니 일단 임대해서 그 지역에서 살아보면 보인다. 살면서 천천히 정보도 구하고 인연이 될 곳을 찾아보는 것을 추천한다.

삶은 선택이다. 그 선택을 할 때 가장 중요한 기준은 '나다움'이다. 내가 받아들일 수 있는 정도, 내가 책임질 수 있는 경계, 내가 즐길 수 있는 선이 어디쯤인지 돌아보고, 그 바운더리 내에서 아이들과 함께 살 주거지를 선택하면 좋겠다.

눈 오는 날 마당에서 노는 첫째

풀꽃으로 소꿉놀이 하는 둘째

11
텔레비전 대신
시간 부자

   "어? 거실에 텔레비전이 없네요."
우리 집에 놀러 온 사람들의 일반적인 반응이다.

처음 독립해서 살았던 20대부터 텔레비전을 집에 두지 않았고, 결혼 후 남편도 굳이 텔레비전을 고집하지 않았다. 미디어 속에 나오는 남의 체험을 수동적으로 소비하기보다 생생하게 살아있는 나의 경험을 더 하고 싶었다. 간접 경험으로 영상보다는 아날로그적인 책이 더 좋았고, 보고 싶은 영화는 컴퓨터로도 충분히 볼 수 있었기에 크게 아쉽지 않았다. 아이를 낳고 나서도 텔레비전이 없는 문화가 이어졌다.

끊임없이 켜져 있는 영상을 멀리하면 어린아이와의 하루는

24시간 꿈틀거리며 살아서 움직인다. 아이에게는 심심할 틈이 필요하다. 심심해야 작당을 한다. 작당은 창의력이 피어오르는 순간이다. 엄마에게 필요한 건 "심심하다"를 서른세 번쯤 외치는 아이의 칭얼거림을 잘 듣고 잘 넘기는 태도뿐.

아침 식사를 마치고 설거지하고 정리하는 사이 아이는 거실을 뛰어다니며 놀았다. 공놀이도 하고 장난감 말도 타며 이리저리 돌아다녔다. 어느 순간 갑자기 조용해진 아이가 어디 있나 찾아보면 나무 블록을 꺼내 자기만의 왕국을 만들고 있었다. 돌멩이 모아둔 바구니를 내려서 살포시 건네주면 아이의 무대는 더욱 커진다. 나무와 돌의 나라에 동물 친구 인형 친구 다 출연해 상상 놀이 한 판이 거창하게 펼쳐졌다.

그림을 그리는 날도 많았다. 나 어릴 적에는 종이도 귀해서 교회 주보나 신문지 여백에 그림을 그렸는데 지금은 물자가 풍부한 시절이다. 여러 크기의 종이를 언제든 그릴 수 있도록 거실 한쪽에 비치해두면 아이들은 오가며 자유롭게 그렸다. 결혼 전부터 써온 질 좋은 밀랍 크레용 바구니도 거실에 두었다. 엄마가 먼저 끄적이는 날에는 반드시 두 아이 모두 자기만의 그림에 집중하고 있다. 완연한 모방의 시기다. 부모로 살아가며 책임도 무겁게 느끼지만, 지구별에 온 소중한 아이들의 인생 선배 정도로 가볍게 생각하면 마음이 편안해진다. 엄마부터 즐겁게 그림을 그리면 아이들도 즐긴다는 것은 널리 알려진 비밀이다.

물감놀이 중인 아이들

그림 그리는 아이들

아이 그림을 보고 평가는 하지 않으려 애썼다. 기꺼이 칭찬하되 부족한 면을 짚어주진 않는다. 이 시절 그림은 모두 자기 내면의 반영이기에 잘 그리고 못 그리고 여부가 없다. 크레용을 잡고 마구 끄적이다가, 어느 순간 동그라미를 그리기 시작한다. 두 선의 교차가 생기고, 동그라미와 선이 만난다. 나에게 둥근 머리가 있음을 알아차리고 내 몸을 형성하는 곧은 뼈를 인식하는 시기에 나오는 그림이다. 이어서 동그라미에 눈, 코, 입이 그려지고 거친 선으로 손과 발이 연결된다. 허공에 둥둥 떠 있던 사람에게 어느 순간 땅이 그려진다. 아이가 딱 자기 몸과 세상을 인식하는 순서대로 아이의 그림이 달라진다. 신비롭고 아름다웠다. 끊임없이 끄적이고 부지런히 그리며 아이는 이 땅에 태어나 찬찬히 적응해가는 자신을 표현한다. 이 태고의 그림에 누가 좋다 나쁘다 입을 대랴. 아이 그림의 신비로움은 발도르프 인지학의 관점에서 잉거 브로흐만이 쓴 책 〈첫 7년 그림〉을 읽으며 많이 깨달았다.

발달의 속도가 느린 아이들을 만나는 일이 많았는데, 이 아이들의 그림을 보면서도 발달의 정도를 가늠할 수 있었다. 초등학생 나이지만 자기 몸을 온전히 지탱하는 직선을 못 긋거나 닫힌 원으로 동그라미를 그리는 것이 어려운 아이들도 있었다. '동그라미를 그리고 그 안에 또 다른 선으로 눈과 코를 그리는 행위가 그토록 숭고한 행위구나' 다양한 아이들을 만나며 느낄 수 있었다. 얼굴을 그리고 몸통 없이 바로 팔, 다리가 연결되기도 하고 위치를 나타내는 바닥없이 공중을 떠다니기도 했다. 그림 한 장으로 아이의 모든 면을 알 수는 없지만, 아이를 이해할 수 있는 의미 있는 단서가 되어주었다.

그림 그리다 심심해지면 밀랍 클레이로 만들기를 했다. 벌집에서 나온 천연성분인 밀랍은 상온에서는 딱딱하게 굳어있지만 작은 덩어리로 떼어내어 손의 온기가 한동안 더해지면 딱 만지기 좋게 말랑말랑해진다. 아이들은 밀랍으로 인형도 만들고 곤충도 만들고 상상의 동물도 만들었다. 충분히 놀고 나서 상자에 잘 담아두면 다시 딱딱하게 굳어진다. 언제고 꺼내서 놀 수 있는 천연 놀잇감이었다.

상상 속 동물을 밀랍 클레이로 만든 첫째의 작품

나무, 돌멩이, 천, 종이, 클레이 등 재료는 달라져도 자유로운 상상력으로 시간을 보내는 일상이 지속되었다. 아이들은 한번 몰입하면 깊이 있게 집중했다. 아기였을 때부터 하나의 놀이를 20분 이상 이어가서 깜짝 놀랐는데, 커갈수록 자신의 활동에 빠져드는 시간이 길어졌다. 타고난 기질도 있겠지만 텔레비전 없는 심심한 환경이 아이들에게 몰입할 기회를 준 것 같다.

요즘 '경제적 자유'라는 말이 유행이다. 나의 귀한 시간을 노동으로 맞바꾸는 삶에서 벗어나 경제적인 자유를 통해 궁극적으로는 시간으로부터의 자유를 이루자는 개념이다. 하지만 막상 경제적 자유에 도달했을 때 시간을 질적으로 잘 사용해본 경험이 없다면 갑자기 늘어난 시간의 양에 당황스러울 것 같다. 실제로

텔레비전 없는 거실에서 즐겁게 노는 아이들

은퇴 이후 한없이 늘어난 시간을 어떻게 다뤄야 할지 몰라 적응하기까지 허둥지둥하는 사람들도 많다고 한다.

텔레비전 없앤 대신 우리는 시간 부자가 되었다. 소비자가 아닌 생산자로 살아간다. 어린 시절부터 시간 부자로 살며 자신이 좋아하는 놀이에 몰입하고 집중해본 아이들은 앞으로도 자기만의 시간을 충만하게 사용할 수 있지 않을까. 적절한 심심과 함께 말이다. 오늘도 나는 텔레비전 없는 거실을 유지해나간다.

12
제로 웨이스트와 상상력

이웃이 준 옷 꾸러미를 들고 집으로 왔다. 패션에 관심이 부쩍 생긴 일곱 살 딸이 반기며 옷을 살펴본다. "여기서 하랑이 언니 향기가 나요." 아이들은 감각적이라 물건이나 옷의 향기로 누구의 것인지 단번에 알아챈다. 깔끔하게 정리된 옷가지를 꺼내 이리저리 거울에 대보며 둘째는 신이 났다.

시중에는 새 옷들이 가지런히 진열되어 있지만, 나는 삐뚤빼뚤 다양한 사람들의 추억이 묻어나는 물건에 눈길이 더 갔다. 그것들이 그냥 버려지는 것이 너무 아깝다. 모난 부분은 잘 정리하고 깨끗하게 씻어 사용하면 '내게 주어진 삶을 잘 살아가고 있다'라는 묘한 쾌감이 느껴진다. 쓰임새를 만들어주는 일. 물건이든 사람이든 제 가치로 살아갈 수 있게 돕는 일은 참 보람되었다.

아이가 태어나기 전, 가족과 친구들이 물려준 아기 물건으로 방이 가득 찼다. 첫 조카가 입었던 배냇저고리는 그 집 아이 셋을 입히고, 오빠네 아이 둘을 거쳐 우리 집으로 고스란히 전해졌다. 친환경 세제 넣고 팍팍 삶아 쨍한 햇볕에 바싹 말리니 새하얗게 보슬보슬한 감촉이 손바닥 가득 느껴졌다. 내가 스무 살 대학 새내기 시절 언니는 곧 태어날 아기를 위해 배냇저고리에 노란 병아리 십자수를 놓았는데, 내 나이 서른넷이 되어 그 수가 놓인 배냇저고리를 내 아기에게 입힐 수 있었다. 형언할 수 없는 세월의 정감이 느껴졌다. "이건 동일이 형아가 입던 옷이야. 우리 보리도 형처럼 건강하고 씩씩하게 자라자." 배냇짓으로 손발 뻗으며 힘차게 움직이는 아기에게 속삭였다.

원목 아기침대와 보행기, 흔들말까지 아기 물건을 한 차 가득 싣고 와서 부려주고 간 친구도 있었다. 친구 아이는 우리 아이와 딱 2년 차이가 나서 지금도 철마다 작아진 옷이며 신발이며 책이며 보내준다. "하준이 형이 물려준 책이네. 군포 사는 하준

제로 웨이스트로 탈 것 두 대 완성

이형아 엄마는 엄마랑 선생님이 되어서 만났는데…." 아이에게 책을 꺼내주며 또 하나의 스토리텔링이 시작되었다. 추억의 물건에서 이야기의 소재가 끊임없이 쏟아져나왔다. 하브루타가 별건가, 이렇게 일상적으로 대화 나누고 하는 거지.

유모차 두 대는 아이 둘 예쁘게 키운 동네 친구가 주었다. 요즘 육아용품들은 성능이 어찌나 좋은지 그 유모차 처음 탔던 아이가 일곱 살이 되어 우리 아기 태워줄 때까지 잘도 굴렀다. 물려받은 경량 유모차로는 제주도는 물론 세부와 보라카이까지 누비고 다녔다. 두 아이 모두 잘 사용한 후 시트 깨끗이 빨고 바퀴 기름칠해서 같은 지역 분께 나누기까지 했다는 전설.

재활용쓰레기장에 언뜻 보기에도 쓸만한 세발자전거가 나와 있었다. 집으로 가져와 마당에서 아이와 세차놀이 하며 물로 깨끗하게 씻었다. 살짝 구부러진 부분 깔끔하게 고치고 나니 바퀴 짱짱하게 잘도 나갔다. 지인에게 물려받은 쇠로 된 세발자전거도 첫째가 아빠랑 드라이버 들고 낡은 가림막 떼어내 기름칠하니 쑥쑥 잘 나갔다. 이로써 보리와 숲이가 마당에서 놀 수 있는 탈 것 두 대가 마련되었다. 쓸모를 만들어가는 과정 자체가 엄마에겐 제로 웨이스트(포장을 줄이거나 재활용이 가능한 재료를 사용해서 쓰레기를 줄이려는 세계적인 움직임)였고 아이에겐 모험 놀이였다. 번듯한 결과물까지 선물로 주어졌다.

예쁜 무늬의 옷감과 명절선물용 보자기로는 가위와 바늘 꺼내 바느질 놀이를 했다. 적당한 크기로 잘라 바구니에 담아두기도 하고 야생화 따다 천연염색도 해보았다. 다양한 색깔의 천을 몸에 두르고 마법사도 되고 도깨비도 되었다. 넓게 펼친 천 위에 나만의 나라를 만들기도 했다. 알록알록 다채로운 천들이 내 아이에게 새로운 판타지를 주리라 믿는다.

　빠듯한 살림에 최신 육아용품을 다 장만했다면 우리는 파산이 나도 한참 전에 났을 것이다. 그렇다고 아이들이 물건으로 인한 결핍을 겪었을까? 전혀 아니다. 오히려 차고도 넘쳤다. 그림책을 사준 적이 거의 없는데도 책장 가득히 쌓였고 신발은 부츠부터 샌들까지, 옷은 발레복부터 스키복까지 종류별로 있었다. 마음껏 입고 깨끗이 빨면 되니 아이들이 진흙탕에서 굴러도 전혀 개의치 않았다. 놀잇감은 자연에서 얻은 것이나 내가 만든 것을 제외하고도 바구니마다 한가득 있었다. 고마운 인연들의 정이 집안 가득 흘렀다. 물건의 신상 여부보다 우리가 얼마나 행복한가에 중심추를 기울일 수 있었다.

　지금 아이들 옷장에는 상자 6개가 차곡차곡 쌓여있다. 첫째 것 3개, 둘째 것 3개. 주변에서 물려주시는 옷들이 과하게 쌓여 넘치는 것을 막아주는 기준점이다. 많으면 주변 분들과 나누고, 취향이 조금씩 생기기 시작한 아이들의 스타일과 맞지 않지 않는

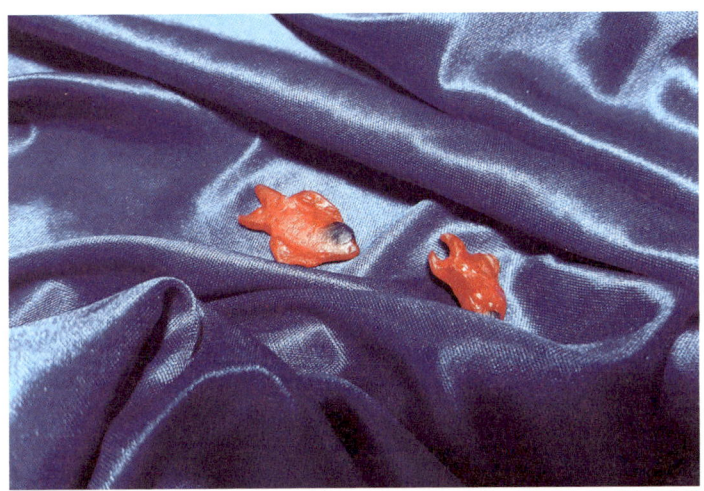
파란 천을 깔고 밀랍 클레이로 물고기 만드니 금세 바다로 변한 우리 집

보자기 천으로 상상놀이 하며 노는 아이들

것은 재활용 의류함에 넣기도 한다. 놀잇감도 4단 원목 선반 2개에 바구니 개수를 기준으로 정리하고 신발도 우리가 가진 신발장에 들어갈 양으로 제한한다. 적정한 수준을 유지하며 딱 기분 좋을 만큼 가지는 연습. 수년간 아이 물건을 정리해오며 엄마도 수련하고 있다.

옛이야기를 보면 부잣집 도련님을 첩첩산중 절로 보내 헌 옷 입혀 청소하고 빨래하고 밥 지으며 글공부를 하도록 한 다음 집으로 다시 돌아와 시련 하나쯤 통과하고 행복하게 살았다는 소재가 꽤 있다. 귀한 아이일수록 물질에 둘러싸이게 하기보다 두루두루 사람들과 어울려 좋은 인성을 갖게 하려는 고도의 전략이었으리라. 소중한 내 아이 둘을 머나먼 절로 보내는 것보다 쉽게 실천할 수 있는 '물건 물려 쓰기'는 제로 웨이스트와 상상력 모두 챙기는 우리 집만의 전략이다.

보자기는 아이 머리카락 깎아 줄 때도 큰 역할을 했음

13

식탁에서부터 꽃피는 삶

나는 음식을 예쁘게 차리질 못한다. 그래서 SNS에서 올라오는 센스있는 플레이팅 사진이 부럽고, 카페에서 먹는 브런치의 자태에 감동한다. 그나마 원재료의 맛을 살려 간단하게 요리하고 정갈하게 차려 먹는 일은 그럭저럭하는 것 같다. 오랜 기간 텃밭 생활을 하다 보니 넘치는 수확물을 어떻게든 해결해야 했다. 단순하게 생으로 먹거나 굽거나 찌거나 볶아도 꽤 먹을만한 요리가 되었다. 풀무학교 전공부 다니며 남는 채소로 장아찌 만들고 효소를 담그는 법도 배웠다. 다듬고 요리하고 보관하고, 이 일련의 과정을 엄마가 되고 9년째 초집중해서 하고 있으니 어느새 주부 7단쯤은 된 것 같다.

텃밭에서 애호박을 따오면 아이에게 칼을 주고 자르게 했다.

케이크 사면 딸려오는 빵칼은 우리 아이들의 주요 도구였다. 이유식 만들 목적으로 장만한 자그마한 원목 도마도 아이 전용 도마가 되었다. 직접 자른 삐뚤빼뚤 애호박을 프라이팬에 살짝 구워주면 다른 양념 없이도 잘도 먹었다. 오이를 잘라 식탁에 올리는 기회 또한 아이에게 주었다. 세상에서 가장 맛있는 오이는 자기가 직접 자른 오이이기에. 요리에 자주 쓰는 당근은 한 쪽씩 길게 잘라 아이에게 건네주었다. 적당히 달고 아삭한 식감이 일품인 간식이었다. 주황빛 고운 색깔은 말해 뭐할까.

집 앞 빈터는 냉이밭이라 땅이 녹기 시작하는 이른 봄날 호미 하나씩 쥐고 냉이를 캐러 갔다. 냉이는 뿌리가 깊어 주변 흙을 싹싹 긁어 긴 뿌리를 살려야 한다. 엄마의 시범을 보고 아이들은 산삼 캐듯 냉이를 캤다. 누구 뿌리가 더 긴지 시합도 하며 보물찾기에 나섰다. 맛국물에 된장 풀고 방금 캔 냉이 듬뿍 넣고 끓인 냉이된장국은 아이들의 최애 음식 중 하나였다. 냉이만 캤을까? 달래도 있었지. 알뿌리가 왕사탕만 한 달래를 캐던 날 우리는 외쳤다. "심 봤다!" 야생 달래는 확실히 향이 진했다. 달래된장국으로 몸보신하며 봄날을 맞이했다.

따뜻한 봄볕 속을 산책할 땐 주머니칼과 봉지를 챙겼다. 쑥이 융단처럼 깔려있었기 때문에. 처음엔 손으로 쑥을 뜯었는데, 일곱 살쯤 되어 손이 야물어진 아이에겐 주머니칼의 사용법을 알려주고 쑥을 캐는 법을 가르쳤다. 쑥은 그 자리에서 다듬지 않으면 나중에 요리하기 귀찮아진다. 엄지와 중지로 콕 눌러 뿌리 부분 다듬는 방법도 전수했더니 나중에는 봉지 가득 깨끗한 쑥을 캐며 수확의 기쁨을 누리기도 했다. 쑥 전도 구워 먹고 쑥국도 끓여 먹었다. 물에 데친 쑥을 한가득 모아(4kg 정도 되는 한 관은 모아야 방앗간에서 받아준다) 시골 방앗간에 갖다주면 멥쌀과 섞어 쑥 반죽을 만들어준다. 이 반죽을 작게 나눠 냉동실에 두고 심심할 때 쑥개떡 쪄먹고 쑥송편 만들어 먹기도 했다.

애호박 구워주니 식혜와 맛있게 냠냠

아이들 전용 칼과 도마

완두콩이 나오는 계절엔 동네 어르신께서 농사지은 걸 한 망 가득 샀다. 꼬투리를 열면 오동통한 초록 알맹이들이 가지런히 놓여있다. 아이들과 열심히 꼬투리를 까서 병 가득 완두콩을 모아 냉동실에 보관해두면 한동안 완두콩 밥의 향연에 빠질 수 있다. 꼬투리째 삶아 먹는 고소한 완두콩 간식도 꼭 챙겼다. 하지 무렵의 감자와 서리 내리기 전의 고구마도 최고의 먹거리였다. 담백하게 쪄먹기에 감자와 고구마만 한 것이 없다. 온갖 반찬으로 만들어 먹기에도 그만이었다. 소화제가 필요하다 싶을 땐 흰

봄철 산책길 광대나물꽃 꿀 빨아먹기

아이들과 캔 냉이

갓 딴 호박 구워먹기

봄철의 루틴, 완두콩 까기

아이들과 뜯은 쑥

고향에서 보내주신 살구

쌀밥 고슬고슬하게 지어 엿기름 붓고 식혜를 만들었고, 유산균 듬뿍 먹이고 싶을 땐 통통한 무 씻어 소금에 절이고 채소 국물 부어 동치미를 만들었다.

발도르프 교육 입문서 〈12감각〉을 보면, 단맛, 신맛, 짠맛, 쓴맛 모두 사람의 마음 작용과 연결되어 있다고 한다. 인간의 사고능력과 연결되어 절대적으로 필요한 요소인 짠맛, 신선함과 활기를 주는 신맛, 편안함을 주는 단맛, 의지를 필요로 하는 쓴맛

등. 단맛만 아는 사람은 인생의 쓴맛을 견디기 어렵다고 하듯, 풍요로운 미각은 삶에서 꼭 필요한 요소였다. 식사 시간 아이들에게 하는 부탁이 있다. 처음 보는 음식이라도 한 입은 맛보자고. 어린 시절 여러 음식이 가진 본래의 맛을 보는 것이 내면까지 영향을 미친다고 하니, 신선하고 다채로운 먹거리를 식탁에서 만나는 일은 참으로 중요했다.

남편과 나는 모두 경상도 출신으로 서울 사람처럼 표준어를 유창하게 술술 하지 못한다. 그래서 우리 아이들이 말을 잘할 거라는 기대는 하지 말자고 농담처럼 말하곤 했다. 사투리를 구사해도 마음 편하게 대화하면 된다 생각했다. 아이들이 자랐을 때 신기하게도 두 녀석 모두 어휘력이 좋다는 말을 자주 들었다. 쉴 새 없이 조잘거리고 온갖 말을 다 하며 돌아다녔다. 그 이유가 뭘까 곰곰이 생각하니, 타고난 아이의 성향도 있겠지만 식탁에서 날마다 아이들과 나눈 대화이지 않을까 싶다.

아이가 허리를 가누고 앉기 시작하면서 유아용 식탁 의자에서 함께 식사했다. 아이만 따로 먹는 특별대우 없이 모두 공평하게 식탁에 앉았다. 먹는 것보다 흘리는 양이 훨씬 많았지만 아이 스스로 손 움직여 먹도록 했고 그날 있었던 일로 대화 꽃을 피웠다. 한 가지 음식에 흥미가 떨어지면 다음 먹거리를 제공하며 충분히 탐색하며 맛을 보도록 했다. 식사가 끝난 자리는 폭격을 만난 것처럼 바닥 가득 음식물이 떨어져 있었지만 행주로 몇 번 훔치면 되기에 같이 식사하는 시간을 꼭 지켰다. 밥을 먹기 시작하면 후식까지 1시간 가까이 먹고 마시며 이야기꽃을 피웠다. 〈12감각〉에서 대자연은 인간에게 음식을 주는데, 우리는 문화를 꽃 피워 대자연에 돌려준다고 했다. 식탁에서 나누는 따뜻한 대화가 우리 가족의 문화였고, 지금도 그 문화는 계속된다.

인간이 꽃을 먹지 않는 이유에 대한 구절을 읽으면서는 무릎을 쳤다. 먹거리는 일차적으로 뜨거운 태양 아래 생명이 자라 열매를 맺으며 익었고, 이차적으로 요리하는 과정에서 두 번째로 익었다. 고온으로 구운 도자기 그릇에 음식을 내는 행위도 다 익히는 과정과 연결되어 있었다. 잔잔한 꽃무늬가 그려진 예쁜 식탁보를 깔고 은은한 향이 나는 꽃으로 식탁을 장식하니 이 또한 꽃을 피우는 태도의 연장이었, 음식을 먹는다는 행위 자체가 꽃이기에 인간이 굳이 꽃을 먹지 않는다는 〈12감각〉을 쓴 알베르트 수스만의 설명. 고개가 절로 끄덕여졌다.

사랑이 꽃피는 식탁에서 우리는 매일 먹고 마신다. 재료가 가진 맛 그대로 천천히 맛보고 대자연과 농부님께 감사하면서 말이다.

정갈하게 차린 밥상

둘째 생일날 만든 봄꽃 장식 고구마 케이크

14
아이와 편안하게 지내는
가장 쉬운 방법,
루틴 챙기기

만 5년 6개월, 아이들과 충분히 뒹굴며 지내다 다시 일하기로 결심했다. 일하는 엄마의 가장 큰 걱정은 아이들이 혹여나 아프면 어떡하냐였다. 남편과 나, 두 사람의 힘으로 아이를 돌보는 가정이었기에 최악의 상황을 미리 그려볼 수밖에 없었다. 이럴 땐 앞서 걸어간 선배의 조언이 필요하다. 일하면서 두 아이를 키우고 있는 대학 친구를 만나 물었다.

"이제 일 시작할라고 하는데 애들 갑자기 아프면 우짜노?"
"근데 소영아, 우리 애들은 크게 안 아프더라. 미리 걱정하지 마라. 아프면 그때 가서 무슨 수가 안 생기겠나?"

그래, 겪어보지도 않고 미리 고민하지 말자. 2019년 3월, 나는 대망의 출근길에 올랐고, 감사하게도 이 글을 쓰는 지금까지 아이들이 아파서 일을 못 한 적은 한 번도 없다. 조언해준 친구도 아이를 발도르프 환경에서 키웠고 나도 그랬다. 운도 좋았지만, 우리가 노력한 건 뭐였을까 돌아보니 제시간에 자고 제시간에 일어나는 것, '리듬 생활'이 떠오른다.

발도르프 교육에서는 '아이들에게 잠이 최고의 의사'라고 한다. 충분히 자는 동안 아이 마음에서 낮 동안 풀지 못했던 마음의 꼬임이 풀리고 들숨과 날숨의 호흡이 편해지면서 다시 균형을 찾게 된다는 의미였다. 비단 발도르프 교육뿐이랴, 어느 육아서나 건강 서적을 봐도 잠을 잘 자는 것이 건강의 기본이라고 설명하고 있다. 실천하느냐 여부가 중요했다.

다른 것은 몰라도 아이들을 일정한 시간에 재우려고 노력했다. 어릴 때는 밤 8시 30분에 재우려고 했고, 조금 더 큰 지금은 9시에 재운다. 잠자리 의식은 이야기 들려주거나 그림책 읽어주기. 일찌감치 하루를 마감하고 폭 자고 난 아이들은 해가 빨리 뜨는 여름이면 새벽 6시에 잠에서 깼고, 겨울에는 날이 밝아오는 7시 무렵 눈을 떴다. 그 리듬에 맞추어 지내니 어른인 나도 자동 미라클 모닝을 하게 되었다. 나 혼자 편하게 살았다면 이토록 큰 혁명이 있었을까, 올빼미가 참새로 탈바꿈하는 혁신에는 버거움이 분명 있었지만, 엄마가 된 덕분에 일찍 일어나는 새가 되어 마음의 양식을 채우며 하루를 시작할 수 있었다.

남편이 자신의 꿈을 위해 잠시 일을 쉬었다. 우리 부부의 주요 원칙 중 하나, 서로의 꿈을 최대한 지원해줄 것. '소유보다 존재'라는 생각으로 꿈 부자가 되는 일을 발 벗고 지원해주었다. 휴직한 기념으로 아껴둔 돈 긁어모아 10개월 된 첫째와 필리핀 작은 섬으로 열흘 동안 배낭여행을 다녀왔다. 먼 나라 가서 아기가 아프면 어떡하지, 걱정되었지만 지금까지 건강하게 지냈으니 거기서도 별일 없을 거라고 두려움을 몰아내며 비행기를 탔다.

우리가 할 수 있는 최선을 다하자. 모든 일정을 아이의 리듬에 온전히 맞추었다. 아침 6시면 꼬물대는 아기랑 같이 일어났고 밤 8시 즈음이면 다 함께 잠자리에 들었다. 아기띠 장착해서 알로나 비치 한번 산책하고 일찍 문을 연 로컬 식당에서 소박하게 아침을 먹었다. 오전 시간 물놀이하다가 아기가 낮잠 자면 어른들은 커피 한잔 여유롭게 마셨고, 오후 시간 또 물에서 놀다 잠들면 어른들은 돌아가며 수영을 했다. 저녁에는 아기 안고 불빛이 반짝이는 바닷가 거리 한번 산책하고 숙소로 돌아와 깨끗이 씻고 일찍 잤다. 아플까 걱정했던 아이는 이유식으로 으깨준 신선한 망고 먹고 오히려 살이 포동포동 올라서 돌아왔다. 고즈넉하고 아름다운 섬에서 우리 부부도 충분히 힐링했다. 리듬 생활의 힘이었다.

아이 키우며 천만다행인 것은 전날 혼이 나더라도 다음 날 아침이면 세상 사랑스러운 눈길로 엄마에게 다가와 안긴다는 사실이다. 여전히 깨지며 성장하는 미숙한 나에게 아이들의 충만한 회복탄력성은 참으로 감사한 선물이었다. 어제의 나를 반성하며 다시 사랑하며 살아가자 마음먹게 해준다. 하지만 잠을 제대로 못 이룬 날엔 아이 고유의 강점도 빛을 잃었다. 징징대고 칭얼대고, 아침이 힘들고 점심이 버겁고 하루가 무너진다. 모든 계획 내려놓고 푹 쉬고 잘 자는 것에 다시 초점을 맞춰야 했다.

요즘 '루틴'이라는 단어를 많이 사용한다. 날마다 일정한 리듬대로 흘러가는 것. 루틴이 무너지면 어른들도 힘을 잃고 생기가 사라진다. 자칫하면 몸에 병까지 생길 수 있다. 어느 정도 자기 조절 능력이 있는 어른도 이러한데 여린 아이들에게 루틴은 무엇보다 중요하다.

워킹맘으로 일하며 아이들이 편안하게 지내는 비결을 묻는다면 '리듬 생활'이라고 힘주어 말할 수 있다. 제시간에 일어나고 잠들기, 정해진 시간에 식사하기, 충분히 놀았다면 충분히 쉬어주기. 달의 리듬으로 파도가 들어갔다 나왔다 아름다운 문양을 그리듯, 자연인 우리도 들이마시고 내쉬는 호흡의 균형을 챙겨야 아름다운 일상을 살 수 있다. 비타민, 유산균, 홍삼액과 함께 '리듬'이라는 알약을 꼭 챙기면 좋겠다.

24절기 : 1년의 리듬을 축제로 즐기기

하루의 리듬을 잘 챙기는 것과 함께, 1년의 리듬으로 계절의 변화를 느껴보면 어떨까. 우리나라에는 왜 축제다운 축제가 없을까 고민하던 시절이 있었는데, 곰곰이 생각해보니 우리에겐 서양의 축제 못지않은 24절기가 있었다. 절기는 태양의 황도상 위치에 따라 계절적 구분을 하기 위해 만든 것으로, 황도에서 춘분점을 기점으로 15° 간격으로 점을 찍어 총 24개로 나타낸 것이다. 절기마다 날씨의 변화가 있기에 예로부터 24절기에 따른 농사법이 있을 정도로 우리의 생활과 밀접하게 연결되어 있다. 하지 감자, 동지 팥죽 등, 아이와 절기의 의미를 나누고 절기음식과 풍속을 간단하게 챙겨본다면 리듬감 있는 1년을 보낼 수 있을 것이다.

인터넷 사이트 '통전몰'에서 매년 절기달력이 나오는데, 절기의 의미를 간단한 시로 표현해 놓았다. 벽에 걸어두고 아이들과 의미를 되새기기에 좋아 잘 활용하고 있다. 절기달력 뿐 아니라 '절기살이'에 대한 공부도 할 수 있어 참 유용한 곳이다.
(통전몰 :https://smartstore.naver.com/on_all)

절기 달력

아이들이 새알 빚어 만든 동지 팥죽

우리나라 24절기

계절	절기	날짜	풀이
봄	입춘 立春	2월	봄이 시작됨
	우수 雨水		봄비가 내림
	경칩 驚蟄	3월	개구리가 겨울잠에서 깸
	춘분 春分		밤, 낮 길이가 같은 절기(낮이 점점 길어짐)
	청명 淸明	4월	봄 농사 준비에 맞는 날씨
	곡우 穀雨		농사비가 내림
여름	입하 立夏	5월	여름이 시작됨
	소만 小滿		햇볕이 충만해 모내기 시작
	망종 芒種	6월	씨 뿌리기 시작
	하지 夏至		낮이 연중 가장 긴 절기
	소서 小暑	7월	더위의 시작
	대서 大暑		가장 무더운 절기
가을	입추 立秋	8월	가을이 시작됨
	처서 處暑		더위가 식음
	백로 白露	9월	이슬이 내림
	추분 秋分		밤, 낮 길이가 같은 절기(밤이 점점 길어짐)
	한로 寒露	10월	찬이슬이 내림
	상강 霜降		서리가 내림
겨울	입동 立冬	11월	겨울이 시작됨
	소설 小雪		얼음이 얼기 시작함
	대설 大雪	12월	겨울 큰 눈이 옴
	동지 冬至		밤이 가장 긴 절기
	소한 小寒	1월	본격적인 추위
	대한 大寒		추위의 절정기

3부

의지를 키우는 발도르프 놀이육아

3

15
자연에서 자라는 아이들

창을 열면 아카시아 향기가 가득 풍겨오고 덥지도 춥지도 않게 딱 좋은 오월의 바람이 불어온다. 내가 사는 곳이 초록으로 물드는 계절이다. 물감통에서 보는 '초록'의 수많은 변주가 숲이라는 도화지 가득 콕콕 찍혀있다. 산이 진해질수록 새의 노랫소리는 커진다. 신선한 공기가 달기까지 하다. 오감이 충족된다.

발도르프 교육 입문서 〈12감각〉에서 붉은색은 욕망을 드러내는 색깔이고, 초록은 욕망이 없는 색이라고 한다. 녹음이 짙은 숲을 바라보거나 산길을 거닐면 마음이 편안해지는 경험을 한 적이 있을 것이다. 색채 치유를 원한다면 자연 속에서 다만 30분이라도 산책을 하면 된다. 크건 작건 다양한 욕망으로 꿈틀대는 온갖 색깔의 팔레트에서 잠시 벗어나 순수한 초록 속을 거닐면 자연의 부분인 나도 동색으로 물들기에.

어른인 나도 이럴진대 아이들에게 아름다운 배경은 참 중요할 것이다. 그곳이 회색 건물 가득한 장소가 아니라 초록빛 대자연이라면 더 어울리지 않을까. 자연과 아이. 원래 한자리에 있던 짝꿍처럼 편안한 단어의 조합이다. 아이들이 자연에서 자라야 하는 이유는 무엇일까?

첫째, 아이는 주위 환경을 그대로 마음에 새기는 존재이기 때문이다. '아이를 키우며 고장 난 물건이 있다면 빠르게 고치거나 치우세요.' 발도르프 교육 공부하며 배운 내용이었다. 교육 이야기하면서 고장 난 물건은 왜? 처음에는 의문이 들었다. 하지만 아이들은 여리고 순수하기에 주변을 여과 없이 흡수한다는 것을 이해하고 나니 고개가 끄덕여졌다.

갓 태어난 아기에겐 아늑함을 주는 공간이 필요하다. 너무 넓은 방은 불안함을 주기에 요람을 마련하여 캐노피를 쳐주고 아기 싸개로 감싸주어 아늑함을 느끼도록 도와주라고 발도르프 육아서마다 강조한다. 실제로 엄마가 되어 휑한 환경에서 마구 울던 아이가 아기띠나 포대기로 폭 싸서 안아주었을 때 차츰 편안해져서 쉽게 잠드는 경험을 자주 할 수 있었다. 심지어 양육자의 말과 태도는 한창 자라고 있는 아이의 오장육부에까지 각인된다고 한다. 두 아이 키우며 부모의 감정 변화를 귀신같이 알아차리는 아이들을 바라보며 일리가 있는 말이라고 생각했다.

깨지거나 고장 난 물건들이 오래도록 방치된 환경은 한창 자라는 아이의 마음에 불편함과 불안함을 줄 것이다. 되도록 쾌적하고 아름다운 공간을 만드는 것이 중요하다. 어린아이들이 많이 생활하는 발도르프 어린이집에서 정서적으로 아늑한 공간을 만드는 일에 집중하는 이유가 여기에 있다. 나도 먼지 하나 없는 청소는 일찍감치 내려놓았지만, 그때그때 치우는 정리에는 신경을 썼다. 하루를 마무리하며 모든 물건이 제자리에 있는 환경을 만들려고 노력했다.

실내 환경도 그럴진대 우리를 둘러싼 바깥 환경으로 아이들에게 자연을 선물할 수 있다면 얼마나 좋을까. 편안함을 주는 초록이 가득한 세상. 밝은 아침을 맞이하면 깜깜한 밤이 찾아오고, 해와 달과 별을 마음껏 바라본다. 따뜻한 계절과 추운 계절, 덥고 서늘한 날씨를 감각적으로 느껴본다. 자연 속에 거한다면, 지구에 내려온 지 얼마 되지 않은 초보 여행자에게 이 별이 아주 아름답고 살 만하다고 말없이도 전달할 수 있을 것이다.

아이가 자연에서 자라야 하는 두 번째 이유는 촉감이 중요한 시기이기 때문이다. 구강기를 이론으로 배웠다가 아기 키우며 이 정도는 되어야 진짜 구강기구나! 제대로 체험했다. 말 그대로 뭐든 입으로 가져가는 시기. 흐르는 침을 닦아가며 옷이 더러워지면 '빨면 되지'라는 심정으로 채소 과일 잘라 대령했다. 물고 빨아도 괜찮은 부드러운 놀잇감도 준비했다.

아이가 태어나 가장 먼저 느끼는 감각은 '촉감'이다. 누워있는 아이에게 양육자의 따스한 손길, 포근한 옷과 이불, 부드러운 놀잇감 등이 훌륭한 촉감 재료가 된다. 음식을 더 많이 주는 플라스틱 어미 모형보다, 헝겊으로 만든 포근한 느낌을 주는 어미 인형에게 새끼 원숭이가 더 많이 가 있었다는 유명한 실험이 보여주듯, 동물에게도 인간에게도 촉감적 안정은 본능적으로 필요하다. 발도르프 교육에서 촉감은 '바운더리' 즉 '경계'와 연결된다고 한다. 만져봄으로써만 느낄 수 있는 나와 너 사이 적절한 선. 촉감으로 충분한 따뜻함과 안정감을 경험한 아이들은 훗날 타인과의 관계 맺기에서 그 경계를 찾는 일이 수월해진다.

촉감이 이렇게 중요할진대 딱딱하고 차가운 플라스틱 장난감보다는 나무나 열매, 양모 솜, 천 놀잇감의 자연스러운 느낌이 훨씬 좋을 것이다. 산책하며 주운 열매와 돌, 나뭇가지와 나무토막, 뜨개질로 간단히 만든 달팽이 끈, 넓적한 보자기 천 등은 아이에게 참 좋은 놀잇감이 되어주었다. '발도르프 교구'라고 검색하면 나오는 세련된 장난감 세트를 사준 적은 없지만, 큰돈 없이도 아이가 놀 수 있는 천연 놀잇감은 얼마든지 마련할 수 있었다.

　무엇보다 아이를 데리고 자연으로 나오면 모든 것은 훌륭한 촉감 자극제가 되었다. 기는 아이는 풀과 돌을 만지며 놀았고, 걷고 뛰어다니면서는 매일같이 마당에 나가고 산책하며 놀았다. 아이의 감각이 풍성해지는 시간, 흙 좀 묻는 것이 대수랴. 그저 "너무 신기하다, 참 예쁘지, 정말 아름답다" 공감해 주었다. 그리고 가장 중요한 팁은 자연 속으로 나가면 기나긴 육아의 시간도 술술 흐른다는 점! 많이도 데리고 나갔다.

　지금 사는 곳이 꼭 시골이 아니어도 좋다. 대도시 가보니 좋은 공원도 많고 산도 참 좋더라. 거창한 장소 아니더라도 내 집 근처 작은 자연을 찾아보자. 아이들은 유명한 관광지에 가도 개미 관찰하며 종일 논다. 뒷산이나 동네 공원, 매일 거기만 가도 좋다. 오히려 하루의 변화와 계절의 리듬을 느끼기엔 쉽게 갈 수 있는 자그마한 장소가 낫다. 뒤에는 산이 있고 앞에는 강이 흐르는 자연 속에 노는 마음은 아마도 '평화'에 더 닿아있을 것이다.

자연에서 노는 아이들

숲에서 모은 나뭇가지

산책하다 보리수 열매 따먹기

16
큰돈 들이지 않고
마련할 수 있는
발도르프 자연물 놀잇감

물건을 사들이느라 바빴던 때가 있었다. 초보 교사 시절 교재교구 카탈로그와 인터넷 쇼핑몰을 눈 빠지게 보면서 아이들에게 도움이 될만한 것들을 사서 교구장 가득 쟁여놓았다. 그 교구들을 전부 활용했을까? 물론 아니다. 10% 정도 활용했을까 말까. 아이들이 잘 찾고 내 손에 익은 몇 가지만 주로 사용했고, 필요한 것은 그때그때 만들어서 썼다.

이후 일했던 발도르프 학교는 미인가 대안학교의 형태라 국가의 보조를 거의 받지 못했다. 당연히 고가의 교재교구를 많이 사들일 수 없었는데 수업할 때 부족함은 전혀 없었다. 기본적인 교구 몇 가지만 있어도 창의력과 상상력 속에서 얼마든지 질 높은 교육을 펼칠 수 있었다.

아이의 발달을 이해하니 놀잇감은 두 번째 문제가 되었다. 내 아이 육아하면서도 장난감을 거의 사주지 않았다. 자연물, 천연재료, 생활용품 중에도 아이들과 놀 것들은 참 많았다. 여기저기서 물려받은 장난감도 깨끗이 씻어주니 잘 놀았다. 큰돈 들이지 않고도 아이는 밝고 건강하게 자라왔다.

아이 방엔 원목 선반이 있다. 애들이 크면서 물려받은 덩치 큰 장난감들을 하나둘 처분하고, 딱 선반에 놓을 정도의 놀잇감만 남겨두었다. 선반 속 바구니에는 임신기간부터 모아둔 10년 가까이 된 장난감도 있다. 손에 익은 머그잔처럼 너무 익숙해서 몰랐는데 모아보니 종류가 꽤 된다. 우리 집에 있는 발도르프 자연물 놀잇감을 소개해본다.

1. 달팽이 끈

대바늘이나 코바늘로 뜨개실을 아주 길게 뜨면 완성되는 놀잇감이다. 약 10cm×1m 이상 길게 뜨면 된다. '달팽이 집을 지읍시다' 노래에 맞추어 돌돌 감으며 손힘 키우기에 좋고, 어부바 끈, 허리띠, 머리띠, 밧줄, 가림막, 무대, 꼬리, 글자 만들기 등 수많은 용도로 휙휙 변신하는 놀잇감이다. 촉감적으로 포근하면서 상상 놀이의 주재료가 된다.

나는 아이들 옷 뜨고 남은 자투리 털실 모아 하나 길게 만들었다. 무지개 면실로 만든 무지개 끈, 그라데이션이 멋진 무늬 달팽이 끈 등 주변에서 선물 주신 것들이 꽤 있다. 내 아이도 쓰고 누군가에게 선물하기에도 딱 좋은 달팽이 끈이다.

2. 보자기, 각종 천 종류

모두가 아는 명절선물 포장하는 그 황금색 보자기다. 분홍색도 있다. 잘 모아서 깨끗하게 빨아 바구니에 차곡차곡 담아두면 된다. 망토, 치마, 옷, 눈가리개, 가발, 무대 등 상상의 나래를 펼칠 수 있는 놀잇감이다. 아주 잘 가지고 논다. 한가득 펼쳐놓고 몇 번 같이 놀아주면 이후에는 자유자재로 알아서 놀 것이다.

다양한 색을 원한다면 온라인 쇼핑몰에서 빨강, 초록, 노랑, 파랑, 보라 색깔별로 '공단 천' 한 마씩 주문하면 된다. 주문하면서 4면 오버로크 처리 옵션도 가능하다. 질 좋은 천을 원한다면 '리넨'으로 여러 색 구매해도 좋고, 원조 '무지개 실크 천'은 말해 뭐하랴. 물론 물려받은 옷을 큼직한 사각으로 잘라도 좋고, 여기저기서 받은 손수건을 모아 놀잇감으로 꺼내줘도 훌륭하다.

3. 공

뜨개 공, 양모 공 등 여러 가지 공이 있다. 임신했을 때 대바늘로 무지개 공 하나 만들었고, 양모 공 예 배우며 양모 공도 만들어봤다. 발도르프 교육기관 바자회 하는 날 부모님들이 만드신 것을 구입하기도 했다. 지인이 만들어주신 딸랑이가 들어간 공은 던질 때마다 딸랑딸랑 재미있는 소리도 난다. 공놀이는 아이들이 정말 사랑하는 활동이다.

4. 콩주머니

콩주머니는 건네주기, 던졌다 받기, 주고받기, 바닥에 놓고 점프하기 등의 놀이에 자주 활용할 수 있고, 글자 만들기, 수 세기를 하면서도 사용된다. 코바늘로 둥글게 만든 다음 콩이나 편백나무 칩 등 을 넣을 수 있고, 자투리 천을 사각으로 잘라 4면을 바느질한 다음 창구멍으로 콩이나 쌀 등을 넣어 만들 수도 있다.

5. 나무 블록, 나뭇가지

나무 블록도 촉감과 균형감 놀잇감으로 참 좋다. 우리 집 나무 블록은 인근 발도르프 어린이집 어머님들이 직접 산에 가서 나무하고 기름 먹여 만드신 작품이다. 예쁘게 다듬은 블록 세트를 저렴하게 파시길래, 첫째 돌 선물로 냉큼 장만했다. 판매하시던 분께서 아이가 커가며 계속 가지고 놀 거라고 했는데 진짜 그랬다. 아이랑 산책하며 주워온 나뭇가지도 참 좋은 놀잇감이다. 채집본능이 있

는 아이들은 나뭇가지를 잘도 주워 모은다. 창, 칼, 불쏘시개, 집 짓기 도구, 그리기 도구 등 다방면으로 변신하는 도구다.

6. 발도르프 인형

발도르프 놀잇감 하면 대표적으로 떠오르는 것이 눈, 코, 입을 획일적으로 그려놓지 않아 표정을 다채롭게 상상할 수 있는 '발도르프 인형'이다. 제일 큰 '옷 갈아입히는 인형'은 아이를 기다리며 2년에 걸쳐 천천히 만든 것이고, 아이 낳고 또 만든 인형도 있고, 바자회에서 사고 선물 받은 것들 다 섞여 있다. 뜨개 동

물 인형은 여기저기서 주신 것을 모았다. 하얀 별 인형은 첫째 치발기 대용으로 잘 썼던 기억이 난다. 역할 놀이 좋아하는 둘째가 지금은 많이 가지고 논다. 집에서 즉흥 인형극이 벌어질 때 총동원되는 식구들이다.

7. 돌멩이, 조개껍질

돌멩이는 우리 집 첫째의 보물이다. 외출하고 돌아오는 길엔 늘 돌 하나씩 주머니에 넣어왔다. 지금도 예쁜 돌 수집은 계속되고 있다. 둘째가 모아온 것도 같이 섞여 있다. 너무 많아서 한번 세어보고 200개만 바구니에 남기고 버리는 정리 작업을 했는데, 어느새 꽉 차서 다시 깨끗하게 씻어서 넣어뒀다. 지인의 집 마당에 깐 돌에 자수정 원석이 섞여 있어서 허락받고 모은 것도 있다. 옛이야기에서 돌과 보석은 꼭 등장하는 신비로운 소재이다. 상상력을 자극하며 가지고 놀기에 참 좋다.

　조개껍질은 바닷가 가서도 줍고 요리하고 남은 것도 모아서 한 아름 담아뒀다. 전복껍질의 속 무늬를 본 적 있을까? 표현할 수 없을 만큼 아름답다. 조개껍질은 다양한 무늬와 색감으로 계절 테이블에 올리는 장식품으로도 좋고 소꿉놀이할 때도 단골손님이다.

8. 씨앗

　이건 진짜 세월의 흔적이다. 솔방울, 도토리, 플라타너스 씨앗, 복숭아 씨, 체리 씨, 매실 씨앗, 버찌 씨앗, 살구 씨앗, 사과 씨 등등. 아이와 숲길 걷다가, 과일 먹다가, 호기심 가지고 모으고 또 모았다.
친정 부모님이 농사지어 보내주신 살구로 살구잼 만들고 모아둔 살구 씨앗, 매실청 담그고 남은 매실 씨앗은 숫자 세기 공부할 때 딱 좋은 교구이기도 하다.

9. 밀랍 클레이

벌집에서 나온 밀랍으로 만든 밀랍 클레이는 참 좋은 감각교구다. 여러 가지 색깔이 있다. 처음에는 딱딱한데 꼭 쥐고 온기를 더하면 말랑해진다. 이걸로 온갖 작품을 다 만들 수 있다. 다시 놔두면 굳고, 만지작거리면 말랑거리고. 두고두고 오랫동안 놀 수 있는 천연 놀잇감이다. 처음에는 한 가지 색으로 놀다가 아이가 자라면서 조금씩 더 준비해주면 좋다. 발도르프 용품을 파는 온라인 쇼핑몰에서 쉽게 살 수 있다.

10. 사각 밀랍 크레용

밀랍 클레이와 마찬가지로 벌집에서 추출한 밀랍으로 만든 천연 크레용이다. 사각 모양이라 손에 쥐기도 좋고, 천연성분이라 안전하기도 하고, 무엇보다 색감이 참 좋다. 연하게 겹쳐도 아래 칠한 색이 아름답게 드러난다. 세 살 무렵의 유아기부터 초등학생

때까지 쭉 사용할 수 있다. 같은 성분으로 일반 크레파스 모양의 막대형도 있다. 나는 10년 전에 산 걸 지금까지 잘 사용하고 있다. 무르지 않아서 손에 묻어나지도 않고 오랫동안 사용 가능하다는 장점이 있다.

세상에 좋은 교재교구는 많고 잘 사용하면 진가를 발휘할 수 있다. 재료가 우수하고 그만큼의 가치가 있으면 당연히 비싼 가격이 매겨질 것이고, 필요하다면 구매하는 것도 나쁘지 않다. 하지만 교구부터 사들이는 것을 권하진 않는다. 교재교구가 있어야만 그 교육이 가능한 건 아니다. 과일 먹다가 또 산책하다가 하나씩 마련해보는 것, 삐뚤빼뚤 서툴지만, 세상에서 가장 사랑하는 엄마가 두 손으로 준비해주는 것, 그게 가장 친밀감 있는 발도르프 자연물 놀잇감이 아닐까. 본질이 우선이다. 구하기 쉬운 놀잇감으로 편안하고도 다정한 육아를 펼쳐나가길 바란다.

밀랍 크레용으로 그림 그리며 노는 아이들

돌에 색칠하며 놀기

씨앗과 열매로 크리스마스 만다라

나뭇가지와 털실로 거미줄 직조 놀이

보자기로 인형극 무대 꾸미기

1살부터 9살까지 보자기 사랑은 계속된다

보자기로 나를 아름답게 꾸며보자

자투리 나무 조각으로 상상놀이

천만 깔아도 근사한 식탁

콩주머니 던지기

17
놀이 밥을 듬뿍 먹어요

 "오늘은 꼭대기까지 올라갔어요."

소나무 가지 오르기가 재미있는 아이

아이 데리러 어린이집에 갔더니 선생님께서 기쁜 목소리로 전해주신다. 발도르프 어린이집 마당에 있는 소나무 가지 끝까지 오른 아이가 반갑게 엄마를 바라봤다. 선생님도 엄마도 손뼉을 쳐주니 세상 다 가진 표정으로 까르르 웃는다. 조금만 높은 곳에 올라가도 다친다며, 얼른 내려오라며, 헬멧까지 씌우는 세상에서 우리는 참 특이한 사람들일까?

"자연을 느끼며 감각적으로 놀았어요."

어린이집 부모 모임에서 아이들 활동을 소개해 주시는 시간, 한 아이가 흙으로 된 마당에 대자로 엎드려 놀고 있는 모습이 보였다. 어쩜 저렇게까지 놀까 하고 자세히 보니 바로 내 아이였다. 땅 위에 어찌나 편안히 엎드려 상상 놀이에 빠져있는지…. 보는 나도 흐뭇했고 다른 부모님들도 크게 웃었다.

아기 때부터 온 몸으로 놀았던 첫째

둘째의 즐거운 모래놀이

발도르프 교육을 소개하는 책이나 영상을 보면 공통으로 나오는 장면이 있다. 바로 아이들이 나뭇가지에 올라가 환하게 웃고 있는 모습. 어린이들은 자연 속에서 팔다리 자유자재로 움직여 모험하고 상상하며 신나게 놀았다. 책에 나오는 놀이 장면을 보면서도 입꼬리가 올라갔고, 실제로 내 아이가 노는 풍경을 바라보면서도 행복했다.

발도르프 교육을 소개하는 〈12감각〉 중 뿌리가 되는 네 개의 감각이 있다. 바로 촉감, 생명 감각, 운동감각, 균형감각이다. 이 감각 네 가지는 어린 시기부터 왕성히 발달하여 나 자신과 세상 사이의 통로가 되어주는 주요 감각들이다. 아이에게 놀이는 왜 필요할까? 다양한 이유가 있겠지만 놀면서 균형감각을 키우기 때문이다.

아이가 처음 두 발로 섰을 때가 생각난다. 갓 태어나 누워만 있던 아기가 얼마 지나 뒤집고 배밀이하고 기다가 일어서려고 애썼다. 활발한 기질을 가진 첫째는 무수한 시도와 엉덩방아 끝에 양손을 옆으로 펴고 균형을 잡으며 두 다리로 곧게 섰다. 빠른 성격 따라 태어난 지 10개월 만이었다. '해냈다' 얼굴 가득 자신감으로 환하게 빛났다. 느긋한 심성을 가진 둘째는 충분히 기어다니다 여유롭게 일어섰는데 13개월쯤이었다. 물론 세상 다 가진 듯 뿌듯한 표정은 오빠와 똑같았다. 이후 걸음마를 시작하고 걷고 뛰었다. 높은 곳도 올라가 보고 삐뚤빼뚤한 산책길도 걷고 다채로운 모험을 하며 균형감각을 키워갔다.

여러 가지 감각을 느끼고 내 몸에서 그것들을 통합해보는 유년기. 이때 발달한 주요 감각들은 세상살이를 건강하게 해주는 창문이 된다. 몸으로 익힌 감각들은 우리의 실제 삶과 연결된다고 한다. 한창 유행했던 '워라밸('일과 삶의 균형'이라는 의미인 'Work-life balance'의 줄임말)'이라는 신조어가 전해주듯 '밸런스'가 강조되는 요즘이다. 그만큼 균형 잡힌 삶은 중요하고, 균형을 잃고 극단적으로 기울어지는 일은 불행의 시작이 될 것이다. 신나게 놀며 신체적으로 충만히 익힌 균형감각이, 균형 잡힌 인생의 근간이 되어준다면, 해야 할 일들 내려놓고 당장 아이들과 산과 들로 놀러 가지 않겠는가.

첫째 주특기는 문지방 오르기

스스럼없이 흙에서 뒹구는 아이들

아이들이 다양한 놀이를 하면 좋겠다. 많이 움직이고 충분히 도전하길 바란다. 탐험하고 모험도 하면서 말이다. 가까운 공원이나 숲으로 가보면 어떨까. 평탄한 흙길 걷다가 돌길을 만나면 돌 위에서 균형도 잡아보고, 바위도 타보고, 나무 밑을 기어보면 좋겠다. 오름직한 나뭇가지가 있으면 올라가 보기도 하면서.

아이와 놀 때 나도 같이 놀려고 노력한다. 잘 안될 때도 있지만 핸드폰을 잠시 내려놓으면 아이의 초롱초롱한 눈망울과 함께 걷고 뛸 수 있다. 어린 시절 충분히 놀아보지 못한 어른이라면 아이 덕분에 다시 한번 찾아온 유년기의 선물을 기꺼이 받아들이면 좋겠다. 미해결 인생 과제는 형태를 달리하여 자꾸 찾아온다고 하는데 놀이라는 영역에서도 마찬가지이지 않을까. 이왕 하는 육아, 풍덩 빠져보는 거다. 실컷 몸 움직여 놀고 운동하며 균형감을 맞추고 나면 머리만 굴리고 있던 복잡한 삶에서 벗어나 어느새 중심을 찾게 된다. 나는 누구이고 어디로 가고 있는가의 답은 움직일 때 직관적으로 찾아온다. 어른인 나의 균형을 위해서도 몸놀이는 필요하다.

놀이 활동 전문가 편해문 선생님께서는 '아이에게 놀이가 밥이다'라고까지 표현하셨다. 우리 모두 아이에게 놀이 밥 하나는 고봉 가득 듬뿍듬뿍 담아주는 사람이 되자.

발도르프 놀이 공간 만드는 방법

아이를 위해 아늑한 놀이 공간을 만들어준다면 최고의 선물이 될 것이다. 자연주의 놀이터이자 작은 놀이 공간, 일명 발도르프 분홍 집이다. 긴 나뭇가지 3개와 분홍 천(유아에게 안정감을 주는 색상)을 준비하면 끝!

1. 천장에 나사못을 6개 돌려 고정한 다음, 낚시 끈이나 마 끈으로 연결한다.
2. 긴 천의 세 군데를 길게 바느질해서 나뭇가지를 넣을 곳을 만들고, 가지를 끼운다.
3. 끈으로 나뭇가지 끝부분을 묶어 고정한다. 질끈 묶지 않고 끈을 링 모양으로 만들어 나무를 걸어도 좋다.
4. 천의 양쪽 가에 원목 선반(나는 4단 원목 선반이 2개 있어 활용했는데, 되도록 새로 사기보다 집에 있는 것으로 활용해보길 바람. 꼭 원목이 아니어도 괜찮음)을 놓고, 선반에 자연물이나 놀잇감 바구니를 적절하게 정리하여 배치한다.

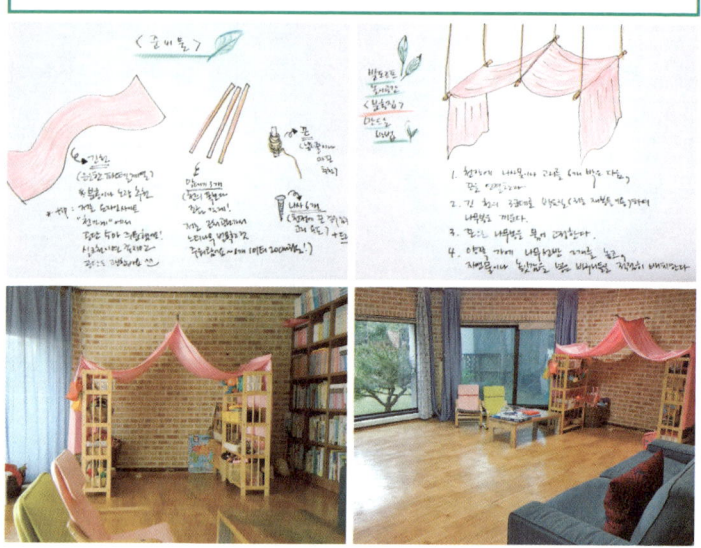

18
시작과 맺음을 맛보는 놀이육아

지금도 떠오르는 부끄러운 장면이 있다. 신규교사 시절 수공예가 아이들의 정서발달에 좋다는 것을 알고 재료를 구매했다. 쉬운 겉뜨기로 목도리를 뜨자고 마음먹었다. 아이들 손을 잡아주며 한 코 두 코 천천히 시작했다. 하지만 뜨개질을 시작한 시기가 늦가을이라 출발이 늦기도 했고 다른 교육활동과 행사에 밀려 결국 끝맺음하지 못했다. 뜨다만 미완성 결과물만 바구니 가득 삐져나왔다.

발도르프 교육에서 만난 수공예 선생님은 달랐다. 학기 초부터 학년마다 도달하고자 하는 목표를 세워 지속해서 작품을 만들어갔다. 아이들이 삐뚤삐뚤하게 해놓은 것은 선생님께서 살짝 다듬어주셨고, 아이들은 매주 일정한 시간마다 자기 작업을 이어갔다. 학기 말 축제 때 뜨개질로 만든 예쁜 공, 리코더 집, 목도리, 조끼가 테이블 위에 멋들어지게 전시되었다. 아이들 얼굴은 목표에 도달한 자만이 가질 수 있는 자신감으로 빛났다.

발도르프 인형 만드는 아이

자기가 만든 발도르프 인형은 크나큰 보물

　발도르프 학교에서는 주요 교과를 한 달 동안 깊이 있게 배우는 '주기집중수업'을 통해 학습이 이루어졌다. 통일된 교과서 대신 무지 공책에 색연필과 크레용, 만년필을 이용하여 자신이 배운 내용을 그리고 기록해나갔는데, 한 달이 끝나면 학생마다 나만의 공책이 한 권씩 만들어졌다. 비워놓았던 맨 앞장에는 목차를 정성껏 썼다. 학기 말 아이들 곁엔 여러 권의 주기집중수업 공책이 놓였는데 무척이나 뿌듯해했다. 아이들을 만나며 해보고 싶은 활동은 많았지만 결국 꾸준히 가져가 마무리까지 닿은 배움이 큰 의미로 돌아왔다.

시작이 있으면 끝이 있다. 출발점에서 나아가 자신이 세운 목표점을 향해 천천히 걸어간다. 이것은 발도르프 12개의 감각 중 '운동감각'과 연결되어 있다. 완벽하게 하기보다 매일 조금씩 꾸준히 움직이며 할 수 있는 만큼 나아가는 힘이다. 요즘 애들은 의지가 부족하다는 말을 많이 하는데, 의지를 기르기 위해서는 '목표를 가진 움직임'을 제대로 경험해봐야 한다. 루돌프 슈타이너는 아이를 가르치는 교사들에게도 완벽히 하려고 애쓰기보다 일단 용기를 내어 한 걸음씩 움직여보라고 강조하기도 했다. 목표를 가지고 성실하게 실행하는 경험은 어른들도 필요하다.

몸 움직여 자유롭게 노는 과정 자체가 아이에게는 운동감각을 일깨우는 시간이었다. 세상에서 가장 무거운 것이 자기 몸뚱이 아닌가. 그 몸 이끌고 이곳에서부터 저곳까지 가보는 것 자체가 목적을 가진 움직임이다. 아이들에겐 충분히 움직여 놀 수 있도록 시간과 장소만 확보해주면 된다. 최소한의 조건이 갖춰지면 아이는 자연스럽게 움직이고 신나게 놀았다. 정말이지 아이와 놀이는 꼭 붙여놓아야 하는 친구다.

운동감각을 위해 일상생활에서도 시작과 맺음을 분명히 하려고 노력했다. 놀잇감 펼쳐서 재미있게 놀았으면 정리까지 마무리하도록 하고, 함께 요리를 한 날엔 행주질이나 설거지까지 스스로 마쳐보도록 했다. 어느 정도 나이가 되면서 자기 옷은 스스로 개어서 옷장에 갖다 두도록 했다. 밤새 나를 감싸준 이부자리도 아침마다 직접 정돈해서 깨끗하게 유지하도록 하고 있다. 일상에서 손과 발을 사용하고, 정결하게 살아가는 움직임을 익히는 일은 무엇보다 중요하므로.

발도르프 어린이집에 다니는 아이가 예쁜 직조 가방을 메고 왔다. 여섯 살이 되면 사각형 나무로 만든 직조 틀에 매일 털실 한 줄씩 걸어가며 천 만들기를 시작한다. 다섯 살 때부터 형님들이 하던 활동을 동경해왔기에 설레했다. 선생님들께서 일 년 동안 틈틈이 아이들이 직조 수공예를 하도록 지도해 주셨고, 자신이 한 줄씩 올라갔다 내려갔다 끼워놓은 실이 천이 되는 경험을 했다. 작은 움직임으로 시작한 예술작업에 교사의 손길이 살짝 더해져 예쁜 가방이 완성되니, 세상 그 어떤 명품 가방보다 귀한 보물이 되었다. 시작과 끝을 맛본 아이는 손끝이 여물어진 만큼 마음도 한결 단단해졌다.

오랜 시간 생태교육을 해오신 한 선생님께서 이런 말씀을 하셨다. 아이들과 봄에 씨앗을 심고 모종을 가꾸고 수확하는 것까지는 열심히 하곤 하는데, 대부분 거기에서 멈춘다고. 실은 그

식물이 자라 씨앗을 맺는 것을 지켜보고 내년을 위해 씨 갈무리까지 해야 온전한 1년의 수업이 완성된다고 강조하셨다. 단순히 텃밭에서 심고 따먹기만 하는 활동에서 한 차원 더 확장되는 말씀이셨다.

여러 가지 체험활동이 많이 열리는 시대다. 다채로운 '체험'으로 아이들이 재미있어하는 것도 좋지만, 그 활동이 목적을 가진 움직임으로 시작과 맺음까지 이어져 의지력을 기르는 '경험'이 된다면 더욱 좋겠다. 부모인 우리가 아이들에게 가득히 주고 싶은 것은 일회성 체험이 아닌 '풍요로운 경험'이기에.

첫째의 직조 가방

둘째의 직조 가방

아이가 완성한 목도리(수공예는 처음과 끝을 경험하는 참 좋은 도구)

19
아픈 만큼 성장하는 아이

발도르프 교육에서는 '열을 통해 자아가 들어온다'라고 한다. 아이에게 열이 나면 적절한 치료와 간호가 필요하겠지만 지나치게 두려워하지는 말라는 의미이다. 아이가 아픈 것에는 이유가 있기에 심하게 걱정하거나 방어하기보다 자연스러운 치유로 그 시기를 잘 보내면 아이는 면역력이 생기고 한 뼘 더 자라게 된다.

생후 11개월쯤 내 아이도 열이 났다. 태어나 처음 맞는 고열이었다. 초보 엄마로서 불안한 마음이 올라왔다. 심호흡하고 두려운 마음을 조율해가며 내가 할 수 있는 최선을 다했다. 수시로 체온을 재면서 열이 잘 배출되도록 도왔다. 팔다리를 주물렀고 배 마사지도 했다. 이마에는 물수건을 올렸고 머리에는 얼음

베개를 대 주었다. 몸 전체에 발열이 원활하게 되도록 옷을 너무 벗기지는 않았다. 소화가 잘되는 발효식 먹거리를 주었고 물을 자주 먹였다. 음식을 거부하면 억지로 먹이지 않고 탈수가 안 되도록 수분 보충에 신경을 썼다. 서양의 한의학 성격인 '동종요법' 비상 레메디를 준비해두었는데, 나오는 증상에 맞추어 물에 타서 수시로 마시게 했다.

아이를 키우며 해열제를 써본 일이 없다. 38도 정도의 열이 나도 세심히 관찰하며 간호하다가 이제 먹여볼까 하면 열이 떨어졌기에 비상 약통에 있던 해열제는 유통기한이 지나버렸다. 하루만 더 열이 나면 병원 가봐야지 했었는데 늘 내 기준보다 빨리 열이 떨어졌다. 충분히 앓고 난 아이의 몸은 더욱 단단해져 있었고 말문이 트이거나 걸음마를 시작하는 등 새로운 성장의 모습을 보여주었다. 일 년에 서너 번 찾아오던 고열은 아이가 자랄수록 빈도가 줄었고, 이제는 한번 앓아도 하루 정도 열을 배출하고 나면 다음 날엔 정상체온이 되어있는 신통방통한 경험을 하고 있다.

내 안의 두려움을 컨트롤할 수 있으려면 내면이 단단해져야 한다. 귀하게 찾아온 선물 같은 아이를 만나며 누구나 '아프지 말고 건강하게만 자라달라'는 소망을 품는다. 소망이 현실이 되려면 할 수 있는 부분에서 노력이 필요하다. 그래서 미리 준비했다. 〈황금빛 똥을 누는 아기〉 등 자연치유 관련 책을 읽으며 아이의 몸과 병을 바라보는 관점과 치유 방법에 대해 익혔고, 생협의 건강 강좌를 통해 적절한 예방접종과 백신에 대한 상식을 쌓아갔다. 열이 나는 메커니즘을 아는 데 필요한 책과 자료들을 찾았고, 최신 정보를 읽으며 궁금증을 풀어갔다.

귀농 시절 조산원에서 아이를 낳은 동네 언니들이 자연주의 치유법으로 아이를 키우는 모습을 곁에서 봐온 것도 큰 도움이 되었다. 감기 걸리지 말라고 방 온도를 높게 하고 실내에서 꽁꽁 싸맨 도시 아이들보다 눈이 오나 비가 오나 맑은 공기 마시며 밖에서 뛰어놀던 시골 아이가 더 건강했다. 시골에서 자란 나도 어린 시절 병원 가본 일이 손에 꼽을 정도로 아픈 일이 드물었고 내 친구들도 그랬다. 처음 발령 난 대도시 아파트촌 초등학교에서 감기가 한번 훑고 지나가면 반 아이들 10여 명이 학교에 오지 않는 모습을 보며 충격을 받은 적도 있다.

동종요법은 치료가 필요한 병을 동종의 증상을 일으키는 레메디로 치료하는 방법이다. 예를 들면 비염으로 눈물이 나는 아이에게 똑같이 눈물이 나게하는 양파의 성분이 극소량 들어간 '알리움 세파(Allium cepa)'라는 레메디를 주어 비염증상을 완화시킨다. 동종요법은 루돌프 슈타이너의 강연집이나 발도르프 서적에도 많이 등장하는데, 유럽 발도르프 공동체의 인지학 의사들은 일상적으로 동종요법 레메디를 처방해 준다고 한다. 내가 살았

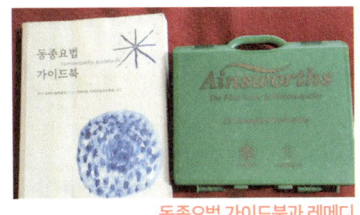
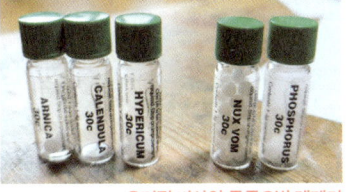

동종요법 가이드북과 레메디　　우리집 비상약 동종요법 레메디

던 마을, 홍동에서도 동종요법으로 아이들을 키우는 가정들이 있었다. 그분들이 함께 공부했던 모습을 본받아, 내 아이 낳고 기르며 우리 집에서 동종요법 공부 모임을 열었다. 생협에서 만난 엄마들, 동네에서 알게 된 엄마들 10명 정도를 모아 강사 선생님 모시고 〈동종요법 가이드북〉 책을 읽고 적용하며 새로운 배움을 얻었다. 책과 레메디는 지금 한국에서도 쉽게 구할 수 있고 전문 치료사의 치료도 받을 수 있다.

　식물을 원료로 하는 오일 테라피의 기본 효능도 익혀서 비상약으로 사용하고 있다. 감기로 기침할 때, 모기에 물렸을 때, 비염이 시작되었을 때 등등. 피부를 좋게 해주는 코코넛 오일과 섞어 밤마다 마사지해주며 아이들과 다정한 취침 루틴을 가지기에 더할 나위 없이 좋다. 오일은 큰 부작용 없이 향기롭게 다가갈 수 있다는 장점이 있다.

　어린이집에 다니기 시작하면 감기 바이러스가 돌아서 아이들이 자주 아프다는 말을 선배 엄마들에게 들었다. '일 하는 상황에서 아이가 아프면 어떻게 하지?'라는 막연한 걱정을 나도 하고 있었다. 지금까지는 가정에서 지냈기에 자연적인 방법으로 치유할 수 있었는데 어린이집에선 사정이 또 달라지겠지, 그건 그때 가서 상황에 맞게 해결하자 마음먹었다. 감사하게도 어린이집을 다녀도 아이들은 크게 아프지 않았고 거의 개근하다시피 등·하원을 했다. 가끔 열이 나도 주말에 하루 올랐다가 바로 내렸고 긴 연휴가 있을 때만 치유가 필요한 상황이 펼쳐졌다. 건강한 삶에 대해 미리 공부하며 준비하고, 건강하게 키우기 위해 어린 시절 애쓰며 양육했던 결과가 이렇게 펼쳐지는구나 싶었다.

〈12감각〉에서 말하는 기초 감각 중 하나인 '생명 감각'은 적절하게 아파봄으로써 형성되는 감각이다. 열을 이겨낸 아이가 더욱 단단해지고, 신나게 뛰어놀다 몸이 부딪치고 살이 까지는 아픔을 느낄 때 내 몸의 소중함도 새삼 깨닫게 된다. 아이가 다치지 않고 안전하게 노는 것은 중요하다. 하지만 노심초사 다칠까 봐 뛰지 못하게 하고 놀지 못하게 하는 실수는 범하지 않으려고 노력한다. 다치고 아물고 하는 과정에서 아이가 얻는 감각이 분명히 있기에.

아픈 후에 성숙하고, 힘들어야 삶의 지혜를 얻는다. 우선 건강을 주제로 공부하며 겁먹지 않을 마음부터 장착하고 가능한 수준에서의 내공을 길러보면 좋겠다.

20
모험 놀이를 해보자

뉴스 속 다른 나라 이야기일 줄 알았던 코로나바이러스가 엄청난 속도로 전 세계에 퍼졌다. 우리나라도 예외가 아니었다. 어린이집과 학교의 문이 닫혔고 자유롭게 나다니던 삶이 완전히 통제되었다. 사람들이 많이 모여 있으면 안 되는 상황. 위험을 무릅쓰고 거리로 나가려면 바이러스가 침투하지 못한다는 두꺼운 마스크를 써야 했다.

우리 집 아이들도 어린이집에 못 갔고 나도 집에서 머물며 일하게 되었다. 아이들만 집에 두고 출근해야 하는 가정의 어려움에 비할 바는 아니었지만, 업무와 육아를 같이 해야 하는 환경은 생각보다 버거웠다. 일하며 틈틈이 두 아이를 돌보고 삼시세끼 식사까지 챙겨야 하는 상황. 그나마 마당이 있어 잠시 바깥에서 뛰어놀 수 있었지만, 활동의 제한은 몸과 마음을 위축시켰다.

편리함을 주지만 장시간 가만히 앉아있게 만드는 자동차와 핸드폰, PC 등의 온갖 제품들로 가뜩이나 움직임이 통제된 요즘 아이들에게 코로나는 치명적인 독이었다. 컴퓨터 화면으로 공부하면서 좁은 실내에서 꼼짝 말고 있으라는 건 놀이 사망 선고를 내린 격이었다. 내 아이들을 최대한 놀게 해주고 싶었지만 가까운 놀이터도 마스크 쓰고 눈치 보면서 나가야 하는 상황에 화가 났다.

'놀이! 진짜 놀이가 필요해!'

활동하고 있었던 엄마 성장 커뮤니티 '언니 공동체'에 운을 띄웠다. 언니 공동체는 〈엄마의 20년〉을 쓰신 오소희 작가님과 함께, 육아하면서 자기 자신을 성장시키고 싶은 엄마들의 연대였다. 요즘 시대엔 온라인으로도 결이 맞는 엄마들과 연대하며 긍정적인 에너지를 주고받을 수 있다.(언니공동체 : https://cafe.naver.com/powerfulsisterhood) "이럴 때일수록 모험 놀이를 공부하고 같이 실천해봐요." 공감하는 엄마들 십여 명이 번쩍 손을 드셨다. 우리도 아이들처럼 즐겁게 공부하며 놀자, 시작부터 재미있게 하려고 '모험 놀이에 대한 기록'이라는 뜻으로 '모놀+로그(log)'라는 이름부터 지었다.

매주 토요일 밤 전국 각지에 사는 엄마들의 놀이 줌(Zoom) 모임이 열렸다. 우선 놀이를 제대로 공부하자고, 책을 함께 읽고 느낀 점과 실천할 점을 나누었다. 아이들이 마음껏 놀아야 잘 자랄 수 있다는 놀이에 대한 철학을 펼치고 계신 편해문 선생님의 〈위험이 아이를 키운다〉와 전 세계의 모험 놀이터를 조사해오신 김성원 선생님의 책 〈마을이 함께 만드는 모험 놀이터〉, 이 두 권을 교재로 삼았다. 물자는 풍부하지만 지금 아이들에게 결핍된 것이 충분한 놀이이고, '건강한 위험'이 아이들을 키운다는 내용에 고개를 끄덕였다. 세상 다양한 놀이터의 모습을 보고 상상하면서 이 시대 어른으로서 아이들에게 어떤 환경을 선물해줘야 하는지 집단지성으로 고민해보았다.

망연자실 바이러스 탓만 하고 앉아있는 동안에도 아이들은 자란다. 모두 마스크 벗고 모여서 뛰어놀 수 없기에, 당장 이룰 수 없는 '터'보다 노는 '태도'에 초점을 맞추기로 했다. 각자의 공간에서 어떻게든 논다는 마음으로 놀이의 주제를 같이 정했다. 첫째 주는 종이컵, 둘째 주는 끈, 셋째 주는 천, 넷째 주는 종이…. 집에서 쉽게 구할 수 있는 물건으로 신나게 놀고, 놀이의 흔적을 공유하며 서로에게 건강한 자극을 주기로 했다. 종이컵으로 쌓은 성을 공으로 무너뜨리는 볼링 놀이도 했고, 집에 굴러다니는 끈으로 거실 가득 거미줄 쳐놓고 피해 다니며 온몸의 근육을 구석구석 사용했고, 빨래건조대와 천으로 자기만의 집도 만들

종이컵 놀이

었고, 집마다 있는 책으로 공간을 가득 채우며 도미노 놀이를 하기도 했다. 놀이와 '플로깅(plogging : 조깅하면서 쓰레기를 줍는 운동)'을 연결해 아이들과 놀이터에서 집게로 쓰레기 줍는 활동을 해보기도 했다. 전국에 점으로 흩어있던 가정이 놀이의 힘으로 연결된 시간이었다.

나무로 노는 아이들

집에서 모험 놀이 즐기는 슝

한 달에 한 권씩 책을 읽고 아이의 놀이를 돌아보는 시간을 쭉 가졌다. 〈12감각을 깨워야 내 아이가 행복하다〉를 읽고 발도르프 교육에서 말하는 감각이 어린아이들의 삶과 놀이에 어떻게 연결되는지 살펴보았고, 〈우리 이렇게 놀아요〉를 읽고 우리나라 전통의 전래놀이로 아이들과 신나게 놀아봤다. 〈아이들은 놀이가 밥이다〉를 읽으며 놀이를 잃어버린 현대 사회 아이들에게 놀이를 되찾아줘야 한다는 결의를 다질 수 있었고, 〈자연에서 노는 아이들〉을 통해 다양한 자연물을 소재로 놀 수 있는 상상력을 펼칠 수 있었다.

모놀로그 모임을 통해 코로나 블루에 잠식되지 않고 아이들과 놀 수 있었다. 거창하고 멋들어진 곳에 가지 않더라도 내 집과 작은 공터, 동네 숲에서 자유롭게 움직이며 놀았다. 모든 조건이 완벽해야 놀 수 있는 것은 아니다. 어떤 환경에서도 노는 존재가 아이들이다. 그 귀한 존재를 이해하고 놀이를 허용하는 마음을 가진 엄마가 되고 싶다.

4부
사고를 기르는 발도르프 예술육아

21

사교육 없는 유아 시절

발도르프 어린이집을 졸업하며 상자 하나를 선물 받았다. 궁금해서 열어보니 커다란 솥단지가 들어있었다. 4세부터 7세까지 어린이집을 성실하게 다닌 졸업생과 사교육 없이 어린이집을 마무리한 가정에 주는 상이었다. '아이에게 특별히 해준 것도 없는데….' 부끄러우면서도 미소가 지어졌다.

SNS를 보면 유아교육 쪽으로도 사교육 열풍이 사뭇 뜨겁게 느껴진다. 부모를 겨냥해서 뜨는 광고만 봐도 늦기 전에 아이를 위해 뭐라도 시작해야 한다는 내용이 가득하다. '이런 육아용품이 있으면 좋겠다'라고 생각한 물건은 웬만하면 출시되어 있듯, '이런 활동이 필요하겠다' 싶은 것도 이미 다양한 교육 서비스로 나와 있었다. 많아봤자 둘, 적으면 하나밖에 없는 자녀를 잘 키우기 위해 열정을 쏟는 부모들이 많다. 그에 비하면 나는 그냥 편하게 아이들을 키운 것 같다.

도시는 도시대로 방식이 다르겠지만 시골에서 어린아이에게 뭐라도 가르치려면 부모가 차로 데려다주고 데리고 와야 한다. 거리가 뚝뚝 떨어져 있기 때문이다. 그야말로 픽업 라이프다. 주변에 아이들 데리고 수업받으러 열심히 오가는 부모들을 보면 에너지가 대단하다는 생각이 들었다. 나와 다르다고 해서 틀린 건 아니다. 각자 아이를 만난 사연이 다르고 각 가정의 사정과 부모의 철학이 다양하기에. 다만 나는 픽업 라이프와 사교육을 선택하지 않았을 뿐.

아이들과 아침을 맞이하고, 대화 나누며 밥 먹고, 진한 포옹과 함께 어린이집에 데려다준다. 선생님 사랑하고 친구들 좋아하는 아이들은 어린이집에서 편안한 돌봄을 받는다. 부모 떠나 단체 생활하는 우리 아이들에겐 그 안에서의 리듬을 소화하는 것만으로도 충분했다. 하루의 흐름이 들숨과 날숨으로 리듬감 있게 흘러가는 어린이집이어서 다행이었다. 전체 마무리 시간인 4시 이전에는 아이를 데리러 오지 말아 달라고 부탁까지 하셔서 믿음이 갔다. 먼저 가는 친구들이 들쑥날쑥 있으면 남은 아이들의 마음에 동요가 생기고 무엇보다 여닫는 활동의 리듬이 깨지기에.

그사이 나도 내 활동을 펼쳤다. 첫째 6살, 둘째가 4살이 되어 다시 내 일을 시작했다. 엄마도 일을 시작하는 3월, 둘째도 새 어린이집에서 적응 기간을 보내야 했다. 오빠가 다니고 있었지만 4살 꼬맹이가 새 장소에 적응하는 것은 또 다른 문제. 몇 차례 상의 후 어린이집의 배려 덕분에 아이는 첫날부터 낮잠을 잘 수 있었고 선생님의 보호 아래 엄마 대신 익숙한 오빠와 잠들 수 있었다. 염려하던 내 마음을 읽으시고 담임선생님께서 해주신 말씀을 잊지 못한다.

"결정하셨다면 일희일비하지 않으시길 바랍니다. 아이가 잘 지낼 거라는 쪽으로 확신을 가져 보세요. 엄마가 불안해하고 속상해하면 아이는 감정적으로 다 느낄 거예요. 아이를 믿어주세요."

그 이후 아이들과 있을 때는 내가 줄 수 있는 사랑을 가득히 표현하려고 했고, 잠시 떨어져 있는 때에는 아이를 믿고 나의 일에 집중하려 노력했다. 오후 시간 다시 만나는 아이들을 반갑게 맞이했고 같이 놀다가 저녁 지어 먹고 차분하게 하루를 닫았다. 별도의 일정을 더 넣을 틈이 없었고, 우리는 충만하게 살고 있었다.

아이를 먼저 키워보신 선배 선생님께서 해주신 말씀이 있다.

"더 주려고 애쓰기보다, 주지 말아야 할 것을 안 주는 것이 중요하다." 아이들을 더 잘 가르치고 싶어 안달이 나 있던 젊은 후배의 부담을 덜어주는 어록이었다. 엄마가 된 지금까지 아이 본연의 성장을 위해 불필요한 것을 없애주는 것이 교육이자 양육이라고 생각하고 있다.

논에 물 대고 모를 심을 때 과도한 거름은 벼를 웃자라게 하고 그만큼 뿌리를 약하게 만든다. 과하다 싶을 만큼 잎이 무성하고 짙푸른 논은 질소 거름을 많이 뿌린 곳이었고, 여름 태풍이나 장마에 벼들이 픽픽 쓰러지고 만다. 적당한 양의 거름을 주고 불필요한 것을 주지 않으면 벼는 땅속 깊이 뿌리를 내리고 튼실하게 자라 귀한 알곡을 수북이 맺는다. 엄마가 되어 내 할 일은 아이가 웃자라지 않고 제 속도대로 뿌리내리도록 돕는 것이었다.

"엄마, 내 친구는 한글을 읽어요."
"그렇구나, 네 친구는 글자를 아는구나!"
다섯, 여섯 살 무렵 아이가 이렇게 말하면 먼저 그런 친구를 둬서 좋겠다고 말해주었다. 그리고 덧붙였다.
"우리는 마음껏 놀자. 걷고 달리고 흙 만지고 꽃과 나무 보고 하늘을 바라보자. 이게 엄마가 너에게 줄 수 있는 가장 큰 선물이란다."

평균적으로 10살 정도 되면 아이들은 한글을 알고 셈을 하게 된다. 이제 수명도 길어져 100세까지 산다고 하던데 그렇다면 90년 동안 활자와 숫자의 홍수 속에서 살아가는 거다. 교과서의 철자만 몇 개일 것이며 앞으로 읽을 책들은 몇 권일까? 거리의 간판과 현수막에서도 글자와 숫자가 쏟아진다. 마흔 살 조금 넘은 나도 이 문장을 쓰는 지금 벅차도록 'ㄱㄴㄷㄹ…' 활자를 찾아 단어를 만들고 있다. 어차피 때가 차면 대부분 알게 될 것이다.

글자와 수를 알아버리면 더는 보이지 않는 세계, 어른인 우리는 이제 가닿을 수도 없는 그 세상을 지켜주고 싶었다. 마음껏 상상력을 펼치는 토토로의 숲을 훼손하고 싶진 않다. 똑똑하게 유기농 한답시고 천혜의 원시림을 경지정리 해버리는 어리석음을 범하지 말자고 흔들릴 때마다 되새겼다. 적어도 유아기까지는 세상 쉬운 육아하며, 고양이 버스 타고 토토로랑 훌훌 노는 환경을 아이들에게 만들어주기 위하여.

22
어린이집을 선택하는 기준

현관에 들어서기 전 옷 벗기! 어린이집 다녀온 아이들이 집에 들어서기 전 해야 할 첫 번째 규칙이었다. 바지며 양말이며 윗도리며 털면 모래가 한 주먹씩 나왔다. 옷이야 세탁기가 열심히 빨면 되는 거고, 놀기 편한 옷가지가 옷장 가득 정돈되어 있으니, '요 녀석들 오늘도 잘 놀았구나' 뿌듯한 미소만 지으면 됐다.

'미세먼지만 없으면 영하의 날씨에도 밖에서 노는 아이들.'
아이들의 어린이집을 한 문장으로 표현한다면 위와 같다. 여름에는 언제라도 물놀이를 할 수 있도록 여벌 옷과 잘 마르는 샌들이 필수 준비물이었고, 겨울에는 모자와 장갑, 마스크가 풀 세트였다. 온몸이 까무잡잡해지도록, 볼이 빨개지도록 뛰어노는 아이들을 날마다 만날 수 있었다. 딱 우리 스타일의 어린이집을 만난 것은 큰 행운이었다.

발도르프 교육에서는 아이들이 태어나 만 7살까지 손발 움직여 놀면서 채 완성하지 못한 몸이 자란다고 한다. 이 시기에는 생명을 형성하는 힘이 신체 내부 장기를 성장시키는 것에 전력을 쏟고 있으니 최소한 이때만이라도 질 좋고 건강한 음식을 먹이도록 노력하라고 부모연수를 들으며 배우기도 했다. 건강하고 신선한 제철 음식 재료로 식단을 차리는 일은 아이들의 미각뿐 아니라 생명력을 위해서도 중요한 일이었다.

더불어 여러 발도르프 서적에서 공통으로 말하는 것이 하나 있다. 만 7살 전에는 인지 교육을 하지 말라는 것! 신체를 단단하게 자라게 하는 것에 집중되어야 할 에너지가 머리 쪽으로 가버리면, 몸이 부실해지거나 허약해질 수 있다는 설명이었다. 상상력과 모방의 힘으로 세상을 바라볼 수 있는 일생 유일의 소중한 시간이, 때 이른 인지 교육 때문에 축소되어 버리는 상황은 마음의 차원에서 바라볼 때 슬픈 일이다. 우리 몸은 신비롭게도 이제 어느 정도 차올랐으니 공부를 시작해도 좋다는 신호를 준다. 만 7세 무렵 유치가 빠지고 영구치가 나기 시작하는 '이갈이'가 그 신호다.

어린이집을 선택할 때 기준은 세 가지였다.

1. 아이가 계절의 변화를 느끼면서 충분히 뛰어노는가?
2. 신선한 제철 음식 위주로 밥과 간식을 먹는가?
3. 만 7세 무렵까지 인지 교육을 하지 않는가?

어린이집의 아름답고 깔끔한 교실

요정님과 함께하는 계절 테이블

감사하게도 우리 지역에는 위의 조건을 다 충족하는 발도르프 어린이집이 두 군데나 있었다. 두 곳 모두 선생님들이 좋았고 분위기도 좋았다. 한 군데만 있어도 감지덕지 하는데 두 곳 중 한 곳을 선택할 수 있는 행운이 주어지다니! 보다 마당이 넓게 펼쳐져 있어서 사시사철 나

7살 생일잔치

가 놀 수 있고 거리상 우리 집에서 가까운 어린이집을 선택했다.

양평 숲속나무 어린이집. 큰아이 4살부터 7살까지 4년, 두 살 터울의 작은 아이가 이어서 2년 더, 참 좋은 발도르프 어린이집에 6년 동안 아이를 보내고 있다. 일가친척 멀리 떨어져 사는 육아독립군 우리 가정에게 어린이집은 또 하나의 가족이었다. 따스한 손길로 아이들을 돌봐주시는 선생님들과 넓은 마당에서 자연과 어우러져 놀 수 있는 환경, 건강한 먹을거리, 계절의 변화를 느끼는 절기 축제, 아름다움을 감각적으로 경험하는 수공예 활동 등 아이들의 영혼 세계는 풍성해졌고 그 즐거운 기운이 아이를 통해 온몸으로 뿜어져 나왔다.

제철 음식처럼 제철 육아가 이뤄지면 좋겠다. 발달의 단계마다 핵심이 있다. 그래서 부모라면 누구나 발달론을 공부하면 좋

겠다. 스스로 공부해서 내면이 다져진 사람은 옆집 엄마에 흔들리지 않는 소신을 갖게 된다. 공부하고 깨닫는 사람은 진정한 자유에 이르는 것 같다.

넓은 마당에서 날마다 뛰어노는 아이들

23
내 아이를 위한
엄마표 발도르프
한글 놀이

첫째는 일곱 살 들어서는 봄에 첫 이가 빠졌다. 한번 들은 이야기와 노래도 척척 전해줄 정도로 집중력이 좋은 아이였지만 한글은 아직 몰랐다. 자기 이름 석 자와 친한 친구들 이름을 구별할 수 있는 정도. 대신 특유의 활발한 기질로 즐겁게 놀고 부지런히 손과 발 움직여 세상을 탐색해 나갔다. 밀랍 클레이에 푹 빠져 온갖 종류의 동물과 상상의 생물체를 만들었고, 또래 사이 유행으로 종이접기에 한동안 열중하기도 했다. 마당과 놀이터에서 온몸 다해 노는 것도 놓치지 않았다. 꿈틀꿈틀 살아 움직이는 세상, 상상력 가득한 아이의 세계를 간접적으로 경험할 수 있다.

우리 가정은 사정상 발도르프 학교에 보내지 않고 시골 작은

엄마의 준비 과정

혁신학교에 아이를 보내기로 했다. 여덟 살이 될 무렵, 곧 학교에 가게 될 아이에게 부드럽고 아름다운 방식으로 한글을 경험하게 하고 싶었다. 먼저 엄마인 내가 준비되어야 했다. 〈일반 인간학〉과 〈발도르프 교육과정〉, 〈8년간의 교실여행〉 등 집에 있던 발도르프 서적들과 발도르프 학교 수업일지, 자료들 전부 꺼내 꼼꼼히 살펴보며 내용을 정리해나갔다. '그림과 이야기로 내 아이와 한글 놀이를 해보자.' 세상에 하나뿐인 내 아이를 위한 한글 놀이 책을 만들기 시작했다.

아이는 엄마의 영향인지 초록색을 좋아했다. 그래서 주인공의 이름은 '초록이'로 정했다. 이야기는 이렇게 시작되었다. '아이를 기다리는 부부가 있었어요. 백일동안 정성껏 기도드렸더니, 꿈속 무지개다리 너머로부터 자그마한 초록빛 씨앗이 떨어졌어요. 그날로 엄마의 배가 불렀고 열 달 뒤 아이가 찾아왔습니다.

부부는 아기의 이름을 초록이라 짓고 행복하게 살았어요. 초록이가 열 살이 되던 해 세상 구경하기 위해 길을 나섰는데….'

루돌프 슈타이너는 '모음'은 세상에 대한 공감으로, 이 세계를 바라보는 인간의 감정을 표현한 것이라고 했다. 떠오르는 해를 보며 감탄하고, 어두움 속에서 경건하게 어머니를 생각하며, 찬란한 빛 속에서 아름답게 피어난 꽃과 나무에 놀라고, 이 땅 위에 오롯이 서게 된 초록이. 이야기 듣고 그림 그리며 모음을 말하고 써보았다. 언어를 움직임으로 표현하는 발도르프 예술 교과인 오이리트미로 '아, 에, 이, 오, 우'를 만들며 놀았다. 아이의 손과 발, 온몸을 이용해서 자유롭게 모음을 표현하기도 했다. 산책하다가 모은 자연물로 글자를 꾸몄는데, 나무막대 하나를 두고 산수유 빨간 열매가 '아래 아'의 역할을 하니 온갖 모음을 다 만들 수 있었다.

본격적으로 세상과 만나는 초록이. 슈타이너는 자음을 세상에 대한 반감, 사물의 모양을 보며 내는 첫소리에서 글자가 만들어졌다고 했다. 말 그대로 상형문자였다. 굽어진 '강'의 이미지에서 'ㄱ'

자연물로 만들어본 모음

그림 그리고 쓰기로 배우는 자음

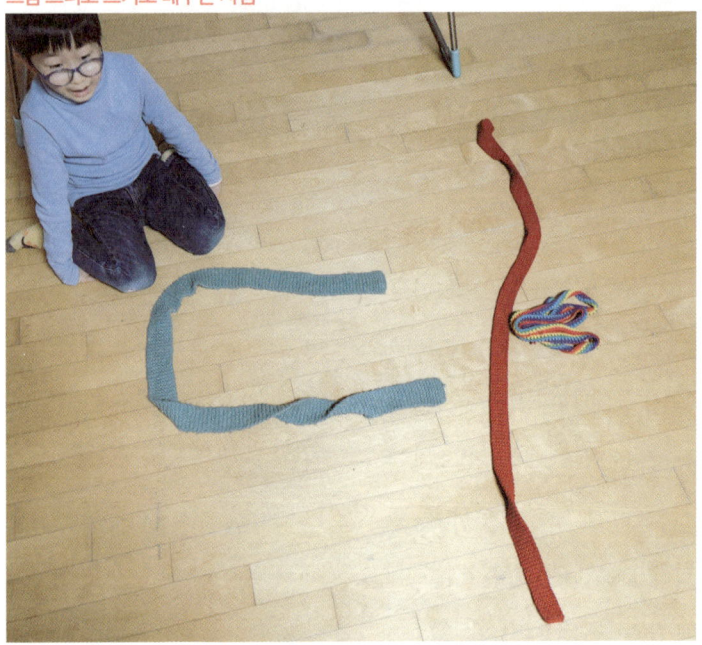

달팽이 끈으로 글자 만들기 놀이

을 만나고, 곧게 서 있는 '나무' 그림에서 'ㄴ'을 찾았다. 출렁이는 '파도'의 형상에서 'ㅍ'를 건져냈고, 밝게 빛나는 '해'에서 'ㅎ'를 발견했다. 정성껏 그림을 그리고 엄마가 써놓은 글자를 보고 천천히 자신의 노트에 썼다. 눈으로 보는 글자를 손으로 쓰는 활동은 온몸의 감각이 연결되어 있음을 아이의 내면에서 느끼게 한다. 읽기보다 쓰기를 먼저 하는 이유였다.

집 근처 강변을 산책하다 물에서 놀고 있는 겨울 오리를 만났다. "오리, 리, 리, 르이, 르이, 르, 르? 엄마 오리한테 'ㄹ'이 보여요." 긴 목을 구부린 채 헤엄치는 오리의 모습에서 아이는 'ㄹ'을 발견했다. 함께 신기해하며 웃었다. 어느 날엔 길을 걷다가 산 아래로 해가 뉘엿뉘엿 지는 풍경을 바라보았다. 평평한 산의 능선과 동그란 저녁 해, 그리고 아래로 길게 뻗어진 햇살 속에서 'ㅜ'의 느낌이 풍겼다. 그 옛날 글자를 처음 만든 이들은 곧 다가올 어두움 속에서 두려움을 느꼈을 테고 지구를 넘어선 우주를 상상했을까? 아름답고도 경이로운 풍경을 보며 아이와 'ㅜ'를 나누었다. 아이가 보는 세계는 과연 어떤 모습일까? 자신의 작음에 비해 이 세상은 너무나 크겠지만, 아주 조그마한 자연까지 생생하게 느낄 정도로 아름답고 벅찬 곳이 아닐까 싶었다.

모든 글자를 빠짐없이 익히며 지식으로 습득하기보다 글자는 이렇게 만들어졌구나! 감각하는 것에 중점을 두었다. 아이의

해질녘 풍경에서 느껴보는 시선

첫 한글을 아름답게 펼쳐주고 싶은 엄마의 마음이었다. 엄마표 한글 놀이를 한바탕 펼친 다음, 아이는 학교에 들어갔다. 자음 몇 자와 모음을 조금 구별하는 까막눈으로 초등학교 1학년이 되었지만, 1년이 훨씬 지난 지금은 짧은 시 한 편 술술 적을 정도로 한글을 잘 사용한다. 역시나 걱정할 필요가 없었다.

한글 놀이의 흐름

아이와 한글 놀이할 때 시작하고 닫는 흐름을 정하면 엄마도 아이도 더욱 편하게 접근할 수 있다. 우리는 아래와 같은 순서로 한글 놀이를 진행했다. 알다시피 이 흐름만이 정답은 아니니 추가하거나 생략하며 우리 가정만의 한글 놀이 시간을 만들어 보길 권한다.

1. 여는 시 : '하늘의 소리, 땅의 소리, 모두 다 내 마음에'
2. 노래 부르기 : 백창우 시인의 '햇볕'이나 김희동 선생님의 '내 마음에 심은 꽃' 등 곱고 아름다운 동요를 선택해서 한두 곡 부르기. 계절에 어울리는 노래도 좋음.
3. 몸 깨우기 : '작은 별' 가락에 맞추어 '가 나 다 라 마 바 사…' 가사를 넣어 손가락을 움직이거나, 거미줄 만들기. 손뼉 치고 팔다리 움직이며 몸을 깨우기. 달팽이 끈이나 콩주머니로 전날 배운 글자 만들어 보기.
4. 말놀이 : '내가 그린 기린 그림' 등의 발음이 명료해지는 문장으로 입도 풀어주기.
5. 이야기 들려주기 : 오늘 익힐 자모음과 관련된 이야기 들려주기.
6. 글자 배우기 : 아름다운 그림에서 글자를 건져 올리는 방식으로, 그림 그리고 자모음 낱자 쓰기
7. 마침 시 : '하늘의 소리, 땅의 소리, 모두 다 내 마음에' 여는 시와 같은 내용으로 마침을 했는데, 시는 아이와 나누고 싶은 짧은 내용으로 직접 짓기도 함. 활동을 마무리하는 간단한 노래를 불러도 좋음.

24
발도르프 수 놀이 이렇게 해봤어요

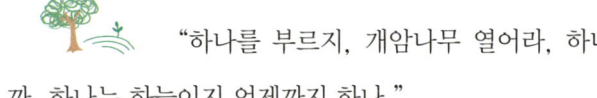 "하나를 부르지, 개암나무 열어라, 하나는 무얼까, 하나는 하늘이지 언제까지 하나."

숫자를 배우기 전 아이들과 이 노래를 자주 불렀다. 독일 노래를 한국어로 번역한 곡인데, 노래를 부르면 수에 관해 감겨있던 마음의 눈이 활짝 뜨이는 기분이 들었다. 하나는 하늘이고, 둘은 낮과 밤이며, 셋은 하늘 땅 사람, 넷은 봄 여름 가을 겨울, 다섯은 손안의 손가락이라니! 그 어떤 숫자에 대한 소개보다 가슴으로 다가왔고 세상과 내가 연결되어 있음이 느껴졌다.

아이에게 수를 따로 가르치지 않아도 요즘 환경에는 워낙 숫자가 많다. 자동차 번호판, 현관 번호키, 핸드폰 번호 등. 모방력 강한 아이는 어느 정도 수를 세었고 더하고 뺀다는 개념도 파악

하고 있었다. 어떻게 보면 영민한 아이였기에 여기에 더해서 지식의 기름을 붓지 않으려고 노력했다. 세상과의 연결성 없이 계산만 잘하는 똑똑이가 되는 건 내키지 않았다.

첫 7년 동안 별다른 인지 교육 없이 편하게만 지냈다. 아이에겐 편안함을 주는 엄마가 최고라 여기면서. 이갈이를 하고 여덟 살이 된 겨울, 한글 놀이에 이어 수 놀이를 시작했다. 시골 작은 학교가 아무리 혁신적인 곳이라 해도 일반 초등학교이기에, 1학년이 되면 바로 교과서 통해 0~9 숫자를 읽고, 수의 양을 연결해 수 개념을 배울 터였다. 그 전에 아이와 온기 있는 활동으로 첫 번째 수학을 시작하고 싶었다.

아이는 자연물을 가득히 모으고 그것을 다시 자연으로 돌려주는 일을 즐겨 했다. 어릴 때는 돌멩이를 날마다 모아오더니, 더 커서는 나무막대기를 그렇게 찾아다녔다. 곧고 길쭉한 나뭇가지를 발견한 날엔 보물 찾은 듯 기뻐했다. 집 앞 항아리에 꽂아두고 나무막대기로 즐겁게 놀았다. 어느 날 그중 제일 잘생긴 나뭇가지를 하나 가지고 와서 곧게 세워보았다. "이번 산책길에서 이렇게 멋진 나뭇가지 주웠네. 이 나뭇가지처럼 세상에 하나인 건 무엇일까?" 아이는 음~ 생각하다가 '하늘'이라고 대답했고, 엄마와 대화 나누며 '엄마, 해님, 지구' 등 여러 가지 답변을 말해보았다. 세상에 하나뿐인 것을 밀랍 크레용으로 같이 그려보고 그 옆에 나무막대기처럼 곧게 '1'이라고 썼다.

　다음 날엔 나무막대를 반으로 갈라 세상에서 두 개인 것, 또 그다음 날엔 나무막대 세 개를 만들며 세상에서 세 개인 것을 찾으며 숫자를 만났다. 정원에서 자주 보는 회양목 나무에는 세상에서 가장 작은 부엉이 3마리가 산다고 알려주며 회양목 열매가 3개로 벌어진 모습을 관찰했고, 꽃잎이 4장, 5장 달린 꽃들을 유심히 찾아보았다. 벌집 모양을 관찰하며 육각형의 6을, 일곱 빛깔 무지개 이야기를 하며 숫자 7을, 거미 다리를 세며 숫자 8을, 우리 보리와 숲이가 엄마 뱃속에서 아홉 달 동안 머물렀다고 하며 9를, 양쪽 손가락을 펴며 10을 이야기했다. 내 몸에서 또 자연 속에서 수를 찾는 일은 어른인 나도 재미있었고 생생하게 살아있는 느낌을 주었다.

수놀이 하는 아이들, 둘째는 깍두기

과일을 먹고 깨끗하게 씻어 말린 씨앗은 수 세기에 무척 좋은 재료였다. 물론 아이가 보물처럼 주워온 돌멩이도 훌륭한 수 세기 친구였다. 하나, 둘, 셋 입으로 말하며 구체물과 연결 지어 숫자의 양을

엄마가 만든 10의 보수 판

감각적으로 익혔다. 손가락과 발가락으로도 세었다. 학습지 안의 그림만이 아닌 손으로 만질 수 있는 자연물로 수를 세는 것을 통해 숫자가 어떻게 생겨났고 왜 세기 시작했을까의 근원을 떠올려 볼 수 있었다. 집에 있는 숟가락, 젓가락, 냄비도 세어보고, 귤, 사과, 바나나도 세어봤다. 어느 날엔 밥 짓는 계량컵 안의 쌀알이 모두 몇 개인지도 세어보는 거대한 작업을 해보기도 했다.

매화 꽃잎

벌집 모양_육각형

찢은 주머니

쌀알 세기   씨앗 세기   구체물로 수개념

수 세기는 계속되었다. 콩주머니와 공을 주고받으며 수 세기를 했고, 점프하고 걸으면서 점점 커지는 수, 점점 작아지는 수를 경험했다. 숫자를 아름답게 소개하고 구체물로 수의 크기를 가늠하면서 학교 갈 준비를 했다. 아이는 1학년이 되어 학교생활에 적응하며 천진난만하게 생활했다.

드디어 연산을 배우기 시작한 아이. 셈을 곧잘 하지만 연산이 왜 우리 삶에 필요한지를 아는 것이 더 중요했다. 방학 동안 우리만의 '발도르프 수학 원정대'를 꾸려서 더하기, 빼기, 곱하기, 나누기 요정님 그림을 그리고 이야기도 들려주었다. 두 팔 벌려 모으는 더하기 요정, 가진 것을 빼서 주는 빼기 요정, 팔다리 쫙 벌려 옥수수 씨앗 뿌리며 불리는 곱하기 요정, 공평하게 나누어주는 나누기 요정. 이야기를 들려주면 아이는 씨앗 주머니와 돌멩이로 더해보고 나눠보고 곱해보고 빼보며 사칙연산을 배웠다.

2학년인 아이는 곧 학교에서 구구단을 시작할 것이다. 친구 사이인 더하기와 곱하기의 관계도 알아보고, 숫자 뛰어 세기도 해보며, 몸의 리듬감으로 구구단을 익히도록 도와주려고 한다. 구구단 속에서 숨어있는 기하무늬가 얼마나 아름다운지도 같이 만들며 느껴볼 계획이다.

〈엄마의 수학 공부〉를 쓰신 초등교사 전위성 선생님께서는 학교 교과서와 학원만 믿으면 아이는 수학 포기자가 될 가능성이 크다고 하셨다. 통계적으로 생각보다 많은 학생이 어린 나이에 수학에 대한 흥미를 잃고 있었다. 초등학교 수학의 핵심은 '연산력'인데, 곧바로 추상성으로 이어지는 학습지에 의존하지 말고, 반드시 구체물로 수를 세어보고, 사칙연산에 맞게 손으로 조작하는 활동을 하라고 권하셨다. 엄마표 수학이 중요한 이유였고 발도르프 수 놀이와 통하는 내용이었다. 엄마가 원리를 알고 조금씩 덧붙여서 엄마표로 채워준다면 아이에게 원래 수학이 가진 아름다움과 지혜로움을 전달해줄 수 있을 것이다.

연산 배우기 　　　아이의 노트 정리

수를 이용한 리듬 놀이

수를 몸으로 익히고 구체물로 익히는 리듬 놀이는 참 재미있고도 의미 있었다. 밥 먹다가, 산책하다가, 주말에 뒹굴뒹굴하다가 부담 없이 놀아보았다. 엄마표가 가진 매력이 이런 게 아닐까 싶다. 수를 이용한 리듬 놀이는 정말이지 무궁무진하다. 몇 개의 예시로 기록했으니 즐겁게 펼쳐보면 좋겠다.

1. 몸으로 놀기 : 손가락으로, 박수치고, 발 구르며 수 세기. '그대로 멈춰라' 노래를 부르다가 부르는 숫자만큼 모이거나 신문지 위에 발을 올리기, '쿵쿵따' 박자에 맞추어 10의 보수 말하기(쿵쿵4, 쿵쿵6)
2. 콩주머니 놀이 : '하나요 둘이요' 서로에게 던지며 수 세기, 콩주머니로 징검다리를 놓고 걷거나 뛰면서 수 세기, 던지고 받으며 정해진 수만큼 세어보기(훌라후프나 줄넘기를 뛰면서 수를 세는 것도 재미있음)
3. 열매 놀이 : 산책하며 열매 모아오기, 열매 가르기와 모으기, 열매 주머니에 열매 10개씩 넣기, 주먹 한 줌에 들어가는 열매의 개수 알아보기.
4. 수 세기, 구구단 : 둥글게 서서 세기, 걷거나 뛰면서 말하기, 숫자 3개를 임의로 말하면 아이는 큰 수부터 말하는 놀이(아이의 의식을 깨어있게 함)
5. 이야기로 문제 내기 : 좋아하는 동물을 주인공으로 하여 더하고 빼고 곱하고 나누는 일상의 이야기를 들려주며 연산 문제 내기
6. 숫자 노래 부르기 : '잘잘잘', '쥐가 한 마리' 등 숫자가 들어가는 노래 부르며 놀기.

엄마표 숫자 카드

25
책 좋아하는 엄마와 이야기 좋아하는 아이

내가 살았던 시골의 작은 책방 '청도서점'은 아빠의 단골 가게였다. 글을 읽을 수 있는 나이가 되면서 아빠에게 부탁해 읽고 싶은 책을 조금씩 볼 수 있었다. 책값이 비쌌기에 한 달에 한 권 정도. 그때는 도서관 문화가 발달하기 전이었고, 학교 도서실 문도 자주 잠겨있었다. 학급문고를 그득히 채워주시는 담임선생님도 못 만났다. 지금의 책 육아 열풍과는 사뭇 다른 분위기였다. 아빠가 사다 주시는 한 권의 책은 가뭄 속 단비처럼 느껴졌다.

이야기의 늪에 깊숙이 빠지고 싶은데 이야깃거리는 부족했다. 골방에 쌓여있던 언니 오빠의 철 지난 교과서를 용케 찾아내 국어와 도덕, 생활의 길잡이 위주로 읽은 적도 있었다. 햇살 가득한 작은 방에서 보물 찾듯 이야기를 캐내어 맛있게도 읽었다. '동생은 위 학년 교과서도 읽는데 너희는 왜 공부를 안 하냐'며 언니 오빠가 잔소리 듣는 원인을 제공하기도 했지만, 나는 줄거리가 있는 이야기가 고팠을 뿐이었다. 가끔 할머니가 들려주신 옛이야기는 아직도 생생히 기억날 만큼 재미있었다.

양옥집에 사는 친구네에 놀러 갔을 때 책장 가득 꽂혀있는 전집에 깜짝 놀랐다. 너는 좋겠다 부러워했더니 거의 안 읽었다 했다. 재미있어 보이는 책이 이토록 쌓여있는데도 안 읽는구나 어린 마음에 신기했다. 주변에 책이 잔뜩 쌓여있는 지금은 그 친구의 태도가 백만 번 이해되지만. 어쨌거나 초등 시절 책은 내 친구였고, 입시 공부로 시험용 문학 서적류만 접했던 독서 암흑기를 지나, 어른이 되고도 꾸준히 책을 사랑했다.

우리 아이들은 이야기를 좋아했다. 한번 들려주면 쏙 빠져들었다. 행복한 이야기에 얼굴이 환해졌고 슬픈 장면에선 눈물을 뚝뚝 흘렸다. 우리 아이들뿐일까, 아이 대부분은 이야기를 좋아한다.

아이들에게 책을 굳이 사주진 않았지만 여기저기서 물려주시는 책으로도 책꽂이가 가득 찼다. 엄마가 모든 이야기를 입말로 들려주기에는 에너지와 체력의 한계가 있었다. 엄마 품에 안겨 재미있는 그림책 보는 시간은 아이에게 포근한 추억을 줄 수 있다고 생각한다. 물려받은 책으로 쌓기 놀이부터 즐겁게 했고, 좀 더 커서는 괜찮은 책을 선별해서 읽어주었다.

    아이에게 들려주는 이야기는 참 중요하다. 그 옛날부터 구전되어 내려오는 이야기가 사라지지 않은 이유는 분명히 있다. 이야기의 원형이 그 속에 있는 거다. 우리나라 옛이야기도 그렇고 외국의 옛이야기도 정신성에서 통하는 부분이 있다. 콩쥐팥쥐와 홀레 할머니는 비슷한 전개로 이어진다. 반쪽이나 주먹이 같은 전래동화도 빨간 모자나 헨젤과 그레텔 등 그림 형제가 수집한 동화들도 이야기의 원형이 녹아있기에 아이에게 치유의 효과를 준다. '이 땅에 태어나 세상에 적응하며 온갖 모험을 펼치겠구나.' 땅 위에서의 적응이 녹록지 않은 아이들의 영혼에 동질감을 주고, 다시 아버지의 집으로 돌아간다는 결말은 언젠가 돌아갈 온전한 곳이 있을 거라는 위로를 준다. 비밀이지만 여전히 세상살이 희로애락 느끼며 가끔은 힘차게 때론 버겁게 살아가는 어른 사람인 나도 아이들에게 이야기 들려주다가 눈물을 흘리곤 했다.

    서정오 선생님께서 쓰신 〈옛이야기 보따리〉라는 책은 입말로 읽어주기에 편했고 아이들도 참 좋아했다. 옛날부터 들어왔던 익숙한 전래 이야기들이 가득히 들어있었다. 비룡소에서 나온 〈그림 형제 동화집〉도 이야기의 원형을 살려 들려주기에 괜찮았다. '이솝 우화'나 '라퐁텐 우화'도 아이가 재미있게 들었다. 동화가 가진 비밀에 관해 발도르프 교육의 관점에서 정리한 책 〈동화의 지혜〉를 읽으며 아이들에게 이야기가 중요한 이유를 다시 한 번 깨달을 수 있었다.

매번 원형의 이야기만 펼쳐진 건 아니다. 식탁에서 생선을 먹다 아빠 어릴 적 부산에서 낚시하던 이야기가 펼쳐졌고, 냉이 캐고 쑥 캐면서는 엄마 어릴 적 동무들과 쑥, 냉이 뜯던 이야기를 해주었다. 살아있는 생생한 이야기는 아이들 속에 깊이 스며들었다. 그때 아빠가 그 이야기 해줬잖아, 엄마는 청도에서 이런 일 있었잖아 불쑥불쑥 아이들의 입에서 이야기 조각이 쏟아져 나오기도 했다.

아이들과 하루를 마무리하며 꼭 이야기를 들려줬다. 이부자리에 누운 다음 불을 끄고 핸드폰 조명으로 손그림자를 만들었다. 커다란 검정 사슴 '살랑이'가 천장에서 움직였다. "살랑아 안녕? 오늘도 잘 지냈니? 아름다운 이야기를 아이들에게 들려주렴." 살랑이가 진짜로 살아있다고 믿는 아이들은 반가워하며 손을 흔들었다. "아름다운 이야기 오늘도 들려줄게요." 노래로 열며 이야기를 들려주었다. 조명을 잔잔하게 해놓고 옛이야기를 들려주기도 하고, 좋은 그림책을 펴서 읽어주기도 했다. 이야기를 마치면 "아름다운 이야기 다음에 또 들려줄게요." 마침 노래를 하고 살랑이를 먼저 꿈의 나라로 보내주었다. 살랑이 따라 우리도 꿈나라로 떠나자고 하며 눈코입 위에 마법의 금가루를 곱게 뿌려주는 것이 우리 집 잠자리 루틴이었다.

    생생하게 살아있는 이야기를 믿고 그 속에 살 수 있는 나이는 그리 길지 않다. 유아 시기 이야기를 듣고 판타지 속을 충분히 살아본 아이는 강인한 힘과 따뜻한 정서를 가질 것이다. 이 마음이 책을 사랑하는 태도로 이어진다면 내가 그랬듯 아이들도 책을 통해 세상을 배우고 지혜를 얻을 수 있으리라 믿는다.

서실에 앉아 책 보는 우리

26
엄마표 발도르프를 위한
밝놀 프로젝트를 만들다

코로나가 생각보다 오래 지속되어 사람 사이의 만남이 쉽지 않았다. 인간은 사회적 동물이라 어떻게든 관계를 만들고 이어나가려 한다. 그 사이 온라인을 활용한 모임이 새롭게 시도되었다. 모임을 운영하고 강의를 하는 것은 높은 수준을 가진 전문가의 영역이라는 생각이 바뀌어, 평범한 일반인도 자신이 펼치고 싶은 분야의 활동을 부담감 없이 시작할 수 있는 문화가 펼쳐졌다.

글 쓰시는 워킹맘 '일과삶' 님이 진행하는 '나를 찾아가는 글쓰기' 온라인 강좌에 신청해서 10주 동안 글을 썼다. 어느 날 강사님께서 무료 온라인 강의를 여신다고 해서 살펴보니, 무료 책 출판하는 방법에 관한 내용이었다. 먼저 해보신 경험을 초보 수준으로 30분 정도 설명해주셨는데 초초보자인 나에겐 의미 있는 도움이 되었다. 무엇보다 신선한 자극이었다. 딱 한발 먼저 가본 것을 나눠주고 초보자들이 배우는 자리. 오히려 너무 전문가가 아니라서 편했고 나도 따라 해볼 수 있겠다는 실행력이 상승하였다.

이런 온라인 모임이라면 나도 해볼 수 있겠구나. 마침 영국 캠프힐에서 코워커의 삶을 마치고 갓 귀국한 지인이 계셨고, 같이 온라인 강의를 해보자고 제안했다. 캠프힐은 슈타이너의 철학에 따라 세워진 장애인과 비장애인의 공동체인데 서로가 도움을 주고받으며 마을에서 함께 살아가는 혁신적인 장애인 복지 모델이었다. 나는 아이들에게 적용할 수 있는 발도르프 리듬활동에 대한 내용을, 지인은 캠프힐에서 장애인이 어떤 방식으로 인간답게 살아갈 수 있는가를 소개하기로 했다. 벤치마킹한 대로 부담 없이 딱 30분씩.

엄마 노릇 하며 블로그에 일상을 기록해왔었다. 꾸준히 기록한 힘일까, 블로그를 통해 모집한 무료 강의가 반나절 만에 예정 인원을 채웠다. 얼떨떨하면서도 기분이 좋았다. 여러 차례 사전 협의하며 열심히 준비했고 '줌'이라는 온라인 도구를 활용해서 강의도 무난하게 펼쳤다. 큰 도움이 되었다는 피드백을 많이 받았다. 기쁘고 뿌듯했다.

선물로 만든 발도르프 천필통   산책 갈 때 쓰시라고 만든 에코백

더 큰 용기를 냈다. 곧 학령기가 될 내 아이를 위해 엄마표 발도르프 한글 놀이와 수 놀이를 시작해야겠다 마음먹었을 때, 비슷한 나이의 도움이 될 가정과 함께하고 싶었다. '네가 뭘 안다고?'를 외치는 내 안의 내부 검열자를 달래는 일이 큰 산이었다. 내가 완벽하고 잘나서가 아니라 한 걸음 먼저 고민하며 정리한 것이 누군가에게 의미로 가닿길 바라는 마음으로 부담감의 산을 겨우 넘었다. '밝은 마음으로 놀자'라는 뜻에서 '밝놀' 프로젝트라 이름 붙이고 발도르프의 방법으로 한글을 배우고, 수로 놀아보는 활동을 같이하자고 제안했다.

SNS로 모집 글을 올렸을 때, 엄마들의 진심이 통했을까 한 두 시간 만에 정원이 찼다. 벅차고도 감사한 일이었다. 여전히 바깥은 코로나로 거리 두는 삶이 지속되었기에 아이들을 직접 만나기보다, 부모들이 먼저 공부해서 자신의 아이들과 집에서 발도르프로 놀아보는 '어른을 위한 에포크(주기집중수업의 독일말)'로 계획했다. 발도르프 학교에서 1~3학년의 저학년 아이들이 배우는 주요 도구교과는 형태 그리기와 우리말 글, 수와 셈 세 가지이다. 발도르프 교육 좋은 걸 알지만 나처럼 개인 사정으로 발도르프 학교에 보내지 않는 아이들이 적어도 이 세 과목만큼은 왜 그 시기에 필요한지를 알고 자연스럽게 놀이하듯 가정에서 엄마표로 시작하면 좋겠다는 바람도 있었다.

 서툴고 부족했지만, 밤새워가며 정성껏 준비했다. 형태 그리기와 한글, 수학의 기본 원리를 설명하고, 날마다 드리는 숙제를 통해 스스로 움직이고 써보며 배우도록 했으며, 아이와 몸으로 놀 수 있는 다양한 리듬 놀이를 알려드렸다. 같이 책 읽으며 성장하자는 의미에서 발도르프 서적 한 권을 정해 읽고 나누는 시간도 가졌다. 나는 하나의 예시를 보여드렸을 뿐, 자기 고유의 상상력 속에서 가정마다 신나고도 다양한 작업이 펼쳐나가길 바랐다. 실제로 서로의 배움을 나누고 아이와 활동한 소감을 이야기하는 장을 통해 풍성함이 배가 되었다. 내가 더 많이 배우는 자리였다.

 에포크 노트를 충실히 채우며 공부를 열심히 하신 분들께 직접 만든 온기 있는 발도르프 용품을 선물했다. 재봉틀로 콩주머니를 박았고, 발도르프 천필통과 아이들과 야외놀이할 때 들고 갈 수 있는 에코백까지 예쁜 천 끊어다 정성껏 만들었다. 열정이 넘치시고 발도르프에 진심이신 엄마들이 많으셔서 대부분 미션을 수료하셨다. 보내드려야 할 선물이 많은 것이 한없이 기뻤다.

1기부터 6기까지 달려오며 좋은 인연들을 많이 만났다. 이 모임이 아니었다면 이 다정한 엄마들을 어떻게 알았을까, 감사할 뿐이었다. 그냥 끝나는 것이 아쉬워 발도르프와 자연육아에 관한 책들을 정해 함께 읽어나가는 '발도르프 자연육아 책 모임'으로 이어나가고 있다. 나태해지지 않도록 독려해주는 좋은 도구라고 생각한다.

"우리 아이 한글 선생님이세요!"

어느 모임에서 밝놀 프로젝트에 참여한 엄마를 만났을 때 들은 말이었다. 몸이 꼬이도록 쑥스러웠지만, 마음에는 밝은 빛이 차올랐다. 몇 분의 가정에라도 나눔의 의미가 가닿았으니 충분했다. 엄마가 원리를 알면 엄마표 발도르프 육아가 가능하다는 것을 경험할 수 있었고, 무엇보다 좋은 이들과 소통할 때 육아 에너지가 커진다는 것을 배울 수 있는 소중한 경험이었다.

같이 만든 발도로프 노트

밀랍 그래용으로 그리고 쓰기

🌧️ 한글놀이, 수놀이하는 아이에게 전하는 엄마의 선물, 발도르프 필통 만들기

발도르프 어린이집을 졸업할 때 부모가 만든 발도르프 색연필 필통을 아이에게 선물로 준다. 엄마가 자기를 위해 한 땀 한 땀 바느질해서 만든 천필통은 아이에게 그 어떤 것보다 귀한 보물이 될 것이다. 천과 바늘만 있다면 간단한 바느질법으로도 만들 수 있는 필통! 만드는 방법을 소개해본다.

발도르프 색연필 필통 만드는 법

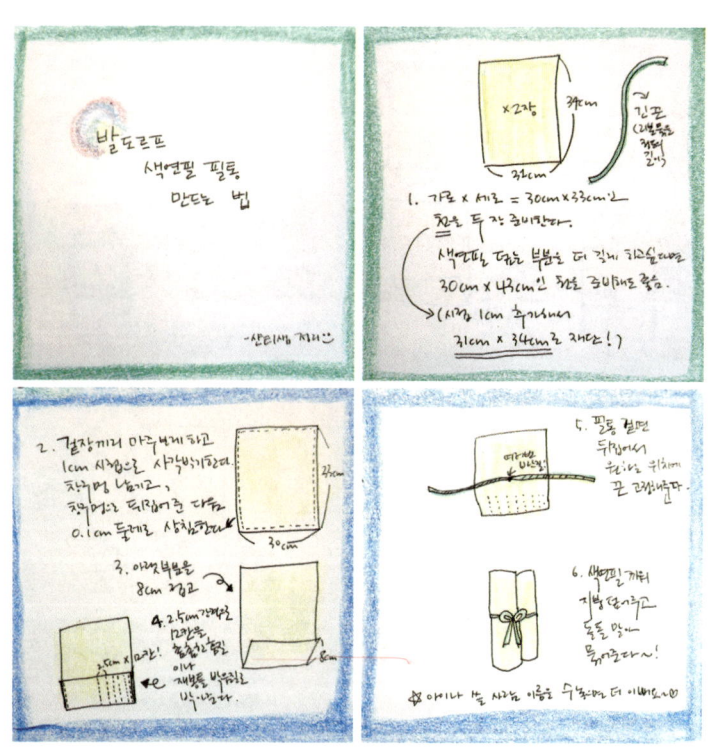

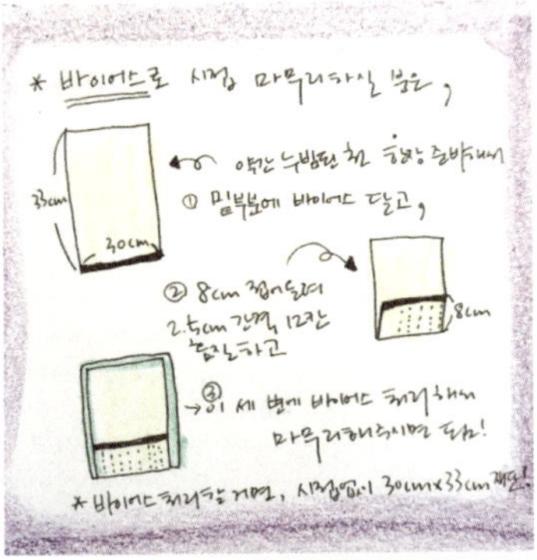

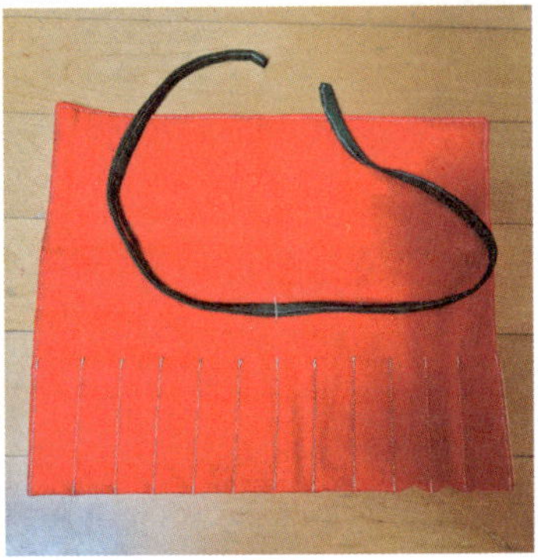

세로 길이 43cm의 천필통(바이어스로 마감한 것)과 세로 길이 33cm의 천필통(사각 박기로 마감한 것)

겉쪽에 날린 긴 끈을 둘둘 말아 묶어주면 완성

5부

힘을 빼고
행복을 채우는
일상육아

27
나만의 공동육아로 육아 외로움 극복하기

'한 아이를 키우려면 한 마을이 필요하다'라는 인디언 속담이 있다. 귀농했던 시골 마을에서 어린아이의 부모들이 서로 어울리는 모습을 보니 참 좋아 보였다. 마을 공터나 공원에 모여 뛰어놀고 집마다 돌아가며 공동으로 육아하는 모습이 인상적이었다. 나도 나중에 마을에서 아이를 키우고 싶다 했는데, 아뿔싸! 직장 따라 이사와 동료들과 어울리다 그만두니 아이 함께 키울 '포근한 마을'이 아득히 멀게만 느껴졌다.

'나 혼자 어떻게 하지?' 외롭고 불안했다. 정든 시골 마을로 되돌아가고 싶은 마음도 들었지만, 명색이 풀무학교 전공부를 졸업한 창업생이지 않은가. '지금 있는 곳에서 뿌리를 내리자'라는 풀무학교의 철학이 떠올랐다. 나도 좋고 너도 좋고 우리도 좋은 삶. 새로운 시골, 육아를 함께 할 동무를 찾아라! 나만의 미션이 시작되었다.

#1. 생협 모임 "저기, 마을 모임이 있나요?" 처음 용기 내어 문을 두드린 곳은 우리 지역 생협 중 하나인 '한살림'이었다. 건강한 먹거리에 관심이 생겼던 이십 대부터 조합원으로 가입해서 음식 재료를 공급받던 곳이었는데, 공동체 사업으로 마을 모임을 꾸린다고 알고 있었다. 농약과 제초제를 치지 않은 바른 먹거리를 찾는 생협 조합원 중에는 육아도 자연스럽고 푸근하게 할 가능성이 크겠다고 예상했다. 다행히 어린아이를 가진 엄마들이 한살림 재료로 반찬을 만들고 나누는 소모임이 있었다. "저도 같이 해볼래요." 살포시 손을 들었다.

임산부에게 나보다 먼저 출산해서 아이를 키우는 선배 엄마들을 만나는 일은 참 유익했다. 내가 겪을 육아 상황을 미리 시뮬레이션해 볼 수도 있었고 생생한 정보도 많았다. 무엇보다 이미 아이 낳는 수고로움을 겪어봤기에 배 속에 아기를 품은 나를 진하게 환대해 주었다. 나이도 고만고만 비슷했고, 서로 닉네임을 부르는 평등한 문화 속에서 우리는 마을 친구가 되었다. 나는 인도 말로 '평화'를 뜻하는 '샨티'라는 닉네임을 사용하기 시작했다.

"샨티, 우리 집으로 와. 다 모여 있어. 고기 구워줄게." 나이 많은 왕언니가 출산 앞두고 고기 먹고 힘내야 한다고 초대했다. 마당에 있는 넓은 돌을 깨끗하게 씻고 벽돌로 받혀 아궁이 모양으로 만든 다음 주워온 나뭇가지로 오랫동안 불을 지폈다. 뜨겁게 달궈진 돌판 위에 고기를 올리니 천연 구이판이 되었다. 솔솔 잘도 넘어갔다. 불룩한 배를 안고 집 둘레로 활짝 핀 벚꽃 바라보며 벗들과 함께 먹는 바비큐의 온기는 참으로 따뜻했다. 서로 챙겨주고 챙김 받는 다정한 모임이었다.

"어린이집은 어떻게 해야 할까?" "지금 보내는 초등학교는 어때?" 아이 낳고도 계속되는 육아의 여정 속에 몇 년 앞서 아이를 키워본 마을 친구들과의 만남은 계속되고 있다.

#2. 자연주의 육아 모임 아이들의 마을 친구를 만들어주고 싶었다. 자연주의 육아로 아이를 건강하게 키우자는 모임이 있었고, 그 안에서 우리 지역 모임이 자연스레 꾸려졌다. 아이들 나이가 비슷해서 만나면 즐겁게 놀았다. 나처럼 자연주의 출산을 한 가정이 꽤 있었고, 발도르프 어린이집을 보내는 등 자연육아로 아이를 양육하고픈 엄마들이 모였다.

아이들과 놀기 좋은 지역의 명소에 가보고, 책과 자료도 나누고, 괜찮은 육아용품을 소개하기도 했다. 작아진 옷이나 안 쓰는 물건들은 자연스럽게 아나바다 되었다. 우쿨렐레를 매고 만나

아이들은 자유롭게 놀고 엄마들은 악기를 연주하는 시간을 가지기도 했다.

하루가 멀다고 서로의 집 돌아가며 동치미며 식혜며 김치며 혼자서 하기엔 부담되는 건강 음식을 만들었다. 각자 싸 온 반찬 펼쳐 따끈한 솥 밥 나눠 먹으며 엄마들은 이야기꽃을 피우고 아이들은 즐겁게 놀았다. 육아 절정기에 있는 엄마라면 겪을 수밖에 없는 육아 스트레스를 날려버릴 수 있었다.

가치관이 비슷한 사람들과는 큰 설명이 없어도 통하는 무언가가 있다. '자연주의'라는 교집합으로 함께 웃으며 아이를 키워 나갈 수 있는 소중한 인연이었다.

#3. 부모교육 모임 마을 친구가 부모교육 모임을 소개해 줬다. 일주일에 한 번 부모교육 하시는 상담가께서 우리 지역에 오시는데, 나를 돌보며 자신을 성장시키는 모임이라고 했다. 오호, 이 또한 나의 관심사였다. 첫째 낳기 전 한 달 전부터 모임에 나가기 시작했다.

모임은 참 의미 있었다. 그룹 심리상담의 형태로 일주일 동안 살아온 이야기를 편안하게 나누고 상담가 선생님의 세심한 조언도 얻었다. 지금까지 살아온 과정을 돌아보고 내 안의 내면 아

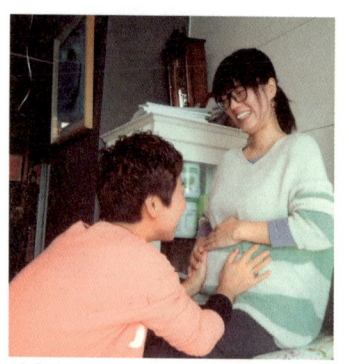
첫째 아이 낳기 전 부모교육 친구들이 마음을 다해 응원해 줌

이를 만나는 진중한 시간이었다. 무의식 중 물려받은 양육 방식을 대물림하지 않으려는 몸부림도 쳐보고, 새로운 육아 태도를 채우는 연습도 열심히 했다. 솔직한 마음으로 소통하는 사이는 금세 친구가 된다. 함께 모인 이들과 서로의 아픔을 보듬고 기쁨을 응원해 주었다.

아이가 귀한 시절 임산부는 어딜 가나 과분할 만큼 사랑을 받았다. 아기 낳으러 가는 길엔 돌아가며 배를 안고 축복기도를 해주셨다. 이 모임은 아기를 낳고 나서도 만 5년을 쭉 함께했다. "보리 어서 줘. 자기는 좀 쉬어." 돌아가며 아기를 안아주셨고, 책 읽은 이야기, 운동한 이야기 등 성장을 위해 노력한 이야기를 나눌 수 있었다. 엄마로 살면서 '나'도 함께 가꾸는 장기 트레이닝 시간이었다.

아기 둘 낳고 전업으로 육아를 해온 5~6년 동안, 운 좋게도 선배 엄마들, 아이 친구 엄마들, 마음을 채워주는 엄마들과 만날 수 있었다. 나만의 공동육아 방식으로 연대하며 아이를 키웠다. 두 아이는 마을 이모들의 사랑을 얼마나 많이 받으며 자랐는지 모른다. 할아버지와 할머니, 일가친척 모두 떨어져 사는 육아독립군 가정의 빈 자리를 마을의 벗들이 대신 채워주었다. 때마다 시의적절하게 채워지는 다채로운 인연들에 감사했다.

그때의 긍정적인 기운이 내 안에 가득 쌓여있기에 다시 일하는 엄마가 된 다음 여한이 없었다. 초등학생이 된 아이의 친구를 만들어주기 위해 무리해서 엄마 모임을 꾸리지 않아도 괜찮을 정도였다. 충분히 채워봤기에 가질 수 있는 편안함인 것 같다.

 자연육아 마을 모임을 만들 수 있는 '생협'을 소개합니다

생협은 '생활협동조합'의 줄임말로, 생산자로부터 직접 생활 물자를 싼 가격에 살 목적으로 소비자들이 모여서 만든 협동조합이다. 직접 생산자들을 찾아 미리 공급량과 가격을 결정하므로 판매가격이 비교적 안정적이고, 소비자가 조합원이 되기 위해서는 3만 원 안팎의 출자금을 내야 한다.(위키백과, 네이버 지식백과 참고)

20대부터 건강한 먹거리에 관심을 가지며 생협 조합원이 되었다. 유기농업으로 재배된 안전한 음식 재료를 소비자가 편하게 구할 수 있고, 생협마다 조합원을 위한 모임을 운영하고 있다. 자연육아로 아이를 양육하는 것에 관심 있는 가정이 많으므로, 비슷한 철학을 가진 부모와 연대하고 싶다면 가까운 생협의 문을 똑똑 두드려보길 바란다.

• 대표적인 소비자 생협(출처 : 위키백과)
– 한살림 http://www.hansalim.or.kr
– iCOOP생협 자연드림 http://www.icoop.or.kr
– 두레생협 http://duro-coop.or.kr
– 행복중심생협 http://www.happycoop.or.kr

28

엄마도 아이도 살리는, 36개월 신화 깨기

'아이는 36개월까지 주 양육자가 키워야 합니다.'
믿는 대로 살아가는 편인 내가 여러 육아 서적에 핵심적으로 박혀있는 저 문구를 간과했을 리 없었다. 외로워도 슬퍼도 내 아이의 36개월은 반드시 지켜주리라 두 주먹 불끈 쥐었다. 내 아이는 내 손으로 키운다는 결의로 녹록지 않은 살림살이지만 복직이나 재취업은 먼 훗날로 미뤄뒀다.

'땅! 하고 달리기를 시작했는데 출발선만 있고 끝은 보이지 않는 레이스다.' 육아에 입문한 내 일기장에 적힌 문장이었다. 하루 24시간 아이와 함께하는 삶은 난생처음 겪어보는 신세계였다. 아이의 욕구에 맞추어 먹이고 입히고 재우고 나면 하루가 훌쩍 끝나 있었고, 아이 재우다 옆에 같이 잠들면 다시 아침이 밝아왔다. 매일같이 아기띠를 매고 있었던 몸뚱이는 여기저기 결리고 아프다고 신호를 보냈고, 매끼 고봉밥 두 그릇씩 퍼먹어도 살이 술술 빠졌다.

채소만 키워봤지, 애를 키워봤나. 아이를 키우는 건 육체적으로 많은 에너지가 들었지만, 채소, 꽃 저리 가라 할 정도로 아이의 성장은 신비로웠다. 하루가 다르게 여물어가는 아이를 온전히 볼 수 있는 기쁨은 참으로 컸다. 젖만 먹어도 토실토실 살이 차올랐고, 곡물 갈아 이유식 먹으며 살살 기기 시작했고, 따뜻한 쌀밥 먹으며 힘차게 걷고 뛰었다. "엄마 어딨지?" 물으면 나를 가리키며 보물 보듯 반짝이는 아이의 눈망울에 가슴이 벅찼다. "엄마"라고 부르는 아이의 첫 마디는 눈물겨웠고 "내가, 내가" 하며 자아가 생길 무렵의 자신감 가득하던 아이의 표정은 너무나 사랑스러웠다. 인간이라는 존재의 출발점을 온몸으로 느끼며 감동할 수 있는 행운이라니! 경험해보지 않은 자는 결코 모를 인생 최고의 축복이었다.

장기전인 육아 레이스에서 아이도 자라고 나도 자라기 위한 몸부림이랄까. 아이가 낮잠 자는 사이 108배 절 운동도 하고, 놀잇감으로 잘 놀면 나도 내 놀잇감인 책을 꺼내 한 줄이라도 읽으며 균형을 맞춰나갔다. 육아 동료들을 만나 흥겨운 시간을 보내기도 했고 아이와 둘만 있는 시간도 고요함으로 즐겼다.

둘째가 태어날 즈음 첫째는 24개월이었다. 2년 동안 오롯이 내가 키웠다. 둘째를 낳고 몸이 회복되기까지 첫째를 돌봐줄 사람이 필요하다는 판단이 들었다. 내가 할 수 있는 선까지 최선을 다하되, 새로운 상황에 대해서는 때마다의 지혜가 필요했다. 사정상 친정이나 시댁의 도움을 받을 수 없었기에 집 근처의 작은 가정형 어린이집을 알아봤다. 깨끗한 실내와 아담한 바깥마당이 눈에 들어왔고 흙 만지는 텃밭 활동을 하는 어린이집이라 더욱 마음에 들었다. 몸 푸는 동안에만 어린이집 보내고 이후에는 또 내가 돌봐도 된다고 생각하니 36개월 신화에도 크게 어긋나지 않는다고 생각했다.

　엄마랑 헤어지는 순간에는 울음을 터트렸지만 들어가서는 잘 놀았다. 아이는 순탄하게 어린이집에 적응해나갔다. 낮 동안 신생아 돌보며 몸의 회복에 신경을 썼고 첫째는 어린이집에 가서 잘 놀다 왔다. 활동사진을 보니 집에서는 맛보지 못했던 양질의 건강 식단을 맛있게도 먹고 있었다. 텃밭 농사까지 짓는 만큼 밥이 참 맛있는 어린이집이었다. 막상 그렇게 지내보니 너어~~~~~무 좋은 거였다. '만 3세까지 내가 돌봐야만 돼!' 어깨 가득 지고 있던 무거운 돌을 살살 내려놨다. 가벼워진 어깨로 날마다 어린이집을 향해 큰절을 올렸다. 현대 사회에서 어린이집도 확장된 의미의 양육자였구나. 삶의 철학은 시절을 따라 갱신되었다.

네 살 된 첫째를 가정 어린이집에서 발도르프 어린이집으로 옮기고 둘째와 집에서 쭉 지냈다. 둘째가 27개월쯤 되었을 때, 두 번째 고비가 찾아왔다. 여건만 된다면 요 아이는 만 3년까지는 내가 데리고 있고 싶은데, 가슴 한쪽에서는 나만의 시간이 너무나 갈급한 거였다. 반년만 지나면 오빠가 다니는 어린이집에 입소하는 4살이 되긴 하는데, 육아로만 꽉 채운 5년을 보다가 곧바로 일을 시작해야 한다는 현실이 아쉬웠다. 나도 잠시나마 홀몸으로 쉬고 싶었다. 마침 지역에서 엄마들을 대상으로 '라이프 코칭'을 해주는 사업이 있어서 신청했다. 총 3회 동안 코치님을 만나 고민을 나누었다.

"36개월과 27개월이 그렇게 큰 차이가 날까요?"

코치님의 질문이었다. 자연육아로 커서 건강한 아이로 자랐고, 친구와도 그럭저럭 잘 노는 무던한 성격을 가졌고, 엄마랑 충분히 잘 지냈으니 어린이집 가도 생활을 잘할 것 같았다. 수학적으로 몇 개월을 채우고 말고를 넘어서, 엄마인 내가 하고 싶은 작업을 하면서 삶에 만족한다면 행복한 에너지가 선순환되겠다 싶었다. '좋은' 엄마 말고 '행복한' 엄마면 충분하겠구나. 때마침 첫째가 다녔던 텃밭 있는 가정 어린이집에 자리가 났고 가벼워진 마음으로 아이를 보냈다. 아이는 역시나 잘 다녔다.

그사이 나는 '육아 해독기'를 보냈다. 아이 둘 중 하나는 수술로, 하나는 자연 분만으로 낳으며 고생한 몸을 위해 오랜만에 운동을 시작했다. 하루도 빠짐없이 요가원에 갔다. 비틀고 풀고 호흡하고 나면 몸이 한결 개운해졌다. 체력과 함께 한참 내버려 뒀던 미모도 챙겼다. 얼굴에 덕지덕지 생긴 기미와 점도 제거하는 시술을 받았다. 귀농한 이래 오랫동안 버려둔 오랜 숙제를 끝낸 기분이었다. 친구 만나 커피 한잔하는 즐거움도 누렸고, 읽고 싶은 책도 실컷 읽었다. 자연 속을 유유자적 산책하는 일도 챙겼다. 나를 가득히 채우고 아이들을 만나니 요 녀석들이 어찌나 예뻐 보이던지, 원인을 알 수 없던 짜증의 빈도가 확연히 줄었다.

36개월 동안 엄마가 아이를 키워야 한다고 말씀하신 법륜스님께서 훗날 〈스님의 주례사〉에서 다시 한번 재해석해 주셨다. 엄마가 무조건 일 그만두고 집에서 아이를 키우라는 의미가 아니라, 양육자가 들쑥날쑥 자주 바뀌지 않는 안정적인 환경에서 아이를 돌보면 된다는 뜻이라고. '36'과 '엄마'라는 단어에만 꽂혀 있었던 나의 신념은 그렇게 수정되었다. 자의식은 깨지라고 있는 거라는 것이었다. 엄마도 정성을 다해 아이를 돌보았고 좋은 선생님들이 계신 곳에서 아이는 사랑받고 돌봄 받았으니 충분했다. 무엇보다 먼저 챙길 것은 엄마 마음의 평화라는 것을 확실히 배울 수 있었다.

라이프 코칭에 관하여

우연히 '라이프 코칭'을 알게 되었고, 3회기의 코칭을 통하여 36개월 이슈를 다루면서 최선의 결론을 낼 수 있었다. 단순히 좋은 생각에서 머무르지 않고 행동으로 옮길 수 있는 힘까지 주는 시간이었다. 외국 큰 기업의 CEO들은 대부분 자신의 이슈를 현명하게 해결해주는 '라이프 코치'를 곁에 두고 있다고 한다. 한번 경험한 라이프 코칭이 너무 좋아 나도 '코칭'을 공부했다. 파트너가 되어 대화를 나누며 상대방이 가진 강점으로 자신의 문제를 해결할 수 있도록 돕는 것이 라이프 코칭이었다. 코칭형 대화방식은 육아생활에서도 큰 도움이 되었다. 코칭이 궁금하다면 한국코치협회 사이트를 통해 정보를 얻을 수 있을 것이다.

– 한국코치협회 http://www.kcoach.or.kr

29
무던한 육아의 비결, 선택했다면 믿자

"어머니, 믿으셔야 합니다."

한때 흥행했던 드라마 〈SKY 캐슬〉에서 학습 코치가 자녀를 맡긴 부모에게 엄하게 말하던 대사가 기억난다. 그 정도의 강경함은 아니지만, 부모와 교사 사이의 믿음이 육아에 미치는 긍정성에 대해 높게 평가하는 편이다. 사람의 감정은 말이 없어도 전달되는 법이라 엄마 아빠가 선생님을 믿으면 아이도 자기 선생님을 더욱 따르게 된다. 판타지가 가득한 유아 시절 아이는 선생님을 부모처럼 사랑하기 때문이다.

아이를 어린이집 보내며 큰절 올린 마음 그대로, 선생님을 믿기로 했다. 어느 어린이집을 보낼까 열심히 알아봤고 최선을 다해 선택했으니 그다음엔 믿음을 가지고 지켜봐야 했다. 전국 어린이 통곡 기간이라는 3월의 적응기도, 아이가 한 번씩 집에서 쉬고 싶다고 고집 피우던 아침 시간도, 친구와 놀다가 가벼운 생채기가 난 날에도 내 선택을 믿고 어린이집에 밝은 마음을 보냈다.

발도르프 교육에서 무엇보다 중요한 것이 '아이를 관찰하는 태도'이다. 그날 유심히 지켜본 아이의 모습을 떠올리며 잠자리에 들면 영혼의 세계에서 치유가 일어난다고 한다. 쉽게 말해 기도하는 마음이 가져오는 평화로움이었다. 부모와 교사가 합심하여 아이를 두고 기도하면 그 효과는 분명히 커질 것이다. 무엇보다 소통이 중요했다.

어린이집을 다니기 시작한 네 살 둘째가 아침에 일어나는 것을 힘들어했다. 그도 그럴 것이 엄마가 일을 시작하며 이른 아침부터 출근 준비를 했고, 아이도 이전보다 일찍 일어나 아침 식사를 하고 옷 갈아입고 나갈 채비를 해야했기 때문이다. 빠릿빠릿한 첫째와 달리 느긋한 성격의 둘째는 이 과정을 몹시 힘들어했다. 더 자고 싶어서 울었고 아침 식사를 제시간에 끝내지 못해 꼭 한 소리를 들어야 했다. 적응의 과정이었지만 아침마다 울음바다가 되는 상황이 편치 않았다.

"제가 아이를 관찰하니, 낮잠을 자고 일어나도 온전히 깨어나기까지 시간이 좀 걸리는 기질이더라고요. 낮잠 시간이 끝나도 가만히 앉아있다가 친구들이 다 깨어 움직이면 그제야 일어나요. 아침에 평소보다 좀 더 일찍 깨우고 정신이 들기까지 시간을 넉넉하게 줘 보세요."

"밥 다 안 먹여도 되니, 들고 올 수 있는 간단한 음식이라면 치즈나 고구마라도 보내주세요. 저희가 천천히 마저 먹일게요. 행복하게 아침을 시작하는 것이 더 중요하거든요."

선생님과 대화를 나누며 아이에 대한 의문이 풀렸다. 몇 가지 방법을 바로 적용했더니 확실히 편안한 아침을 시작할 수 있었다. 나 혼자 바라보는 아이와 선생님께서 바라보는 아이는 다를 수 있다. 아이를 중심에 두고 선생님과 편하게 이야기할 수 있다면 멋진 육아 파트너가 될 것이고, 아이도 안정적으로 자라겠구나 깨달았다.

날마다 밝게 웃는 아이

갈대처럼 흔들리는 나는 걱정이 많은 편이다. 그대로 두면 두려움이 나를 삼켜버렸을 것이다. 스스로 정화시킬 도구가 필요했다. 아침에 일어나서 감사일기를 쓰기 시작했다. 감사할 것 세 가지 이상 떠올려 수첩에 적었다. 처음에는 '감사는 무슨 감사!'라며 내용이 잘 떠오르지 않았다. 그런데 다시 생각해보니 별일 없이 일어나 의자에 앉았다는 것도 감사하고, 아이들이 밤새 잘 잤다는 것도 감사하고, 일용할 양식이 주어졌다는 것도 감사했다. 창밖으로 보이는 나무와 하늘, 구름 한 점도 고마운 요소였다. 이 과정을 수년째 해오고 있다. 찌뿌둥한 마음, 부정성에 기울어진 감정이 신기하게도 감사일기를 쓰고 나면 봄날의 햇살로 바뀌는 경험을 자주 하게 된다. 아이를 둘러싼 환경도 가급적 감사함으로 바라보려 했다.

세상사 빛이 있으면 그늘이 있는 법이고, 모든 사람에겐 강점과 약점이 있다. 아이의 선생님도 마찬가지였다. 단점에 집중하기보다 선생님이 가진 장점을 바라보는 것이 부모 된 나의 도리였다. 상식 이하의 행동과 아동학대의 정황이 없는 한, 선생님이 가진 오롯한 빛 쪽을 바라보려고 노력했다. 다행히 아이들을 돌봐주신 선생님들은 다정하신 분이셨다. 아이의 표정과 행동을 관찰하며 어느 정도 느낄 수 있다. 두 아이 모두 자기 선생님이 최고라고 말하며 깊이 사랑하고 있었고 행복하게 어린이집을 다녔다.

의문이 들 때는 바로 물어보았다. 말에는 힘이 있어서 한두 사람 모여 말을 보태면 없던 일도 있는 일처럼 무게감이 실리게 되는 경험을 살면서 자주 했다. 한때 선생님들과 동종업계에 몸담아보지 않았던가. 전화도 쉽게 할 수 있고 문자도 가볍게 보낼 수 있는 세상, '카더라' 통신의 어두운 에너지에 발을 넣지 않고 직접 물어보면 문제 대부분은 산뜻하게 넘어갈 수 있었다. 뒤에서 남의 말을 하는 것은 참 달콤하다. 남에 대한 평가를 과하게 함으로써 적어도 나는 그런 부류가 아니라는 것을 스스로 합리화할 수 있는 심리적 현상이기에. 나도 남 말이 참 달다. 그 달달한 유혹에 빠지고 싶을 때면, 책을 읽고 글을 쓰며 장면을 환기시킬 내 작업을 하려고 애썼다. 반드시 직장이 아니더라도 나의 허함을 채워줄 활동은 꼭 필요했다.

첫째가 다닐 초등학교를 고민하며 아이를 먼저 키운 마을 친구에게 전화를 걸었다. "우리 선생님들 너무 좋고, 우리 학교도 진짜 좋아." 친구의 아이들은 참 밝았고 학교생활도 잘했다. "참, 나는 좋은 면만 본다는 거 꼭 감안하고 들어줘." 일희일비하지 않고 밝은 면을 바라보는 그 친구가 참 좋다.

한발 먼저 나간 친구의 태도를 본받아 나도 일단 믿고 맡긴다. 발도르프로 아이를 무던하게 키우는 하나의 비결이 아닐까 싶다.

30
힘 빼는 육아 기술, 특별함을 깨라

교실 창문에서 보이던 교회의 크리스마스 장식이 발단이었다. "교회는 너무 촌스럽다." "뭐? 그럼 절은 어떤데?" 초등학교 3학년 때 기독교인 친구들과 불교인 친구들 사이에 다툼이 일어났다. 당시 교회에 다니던 나는 기독교의 입장에서서 교회가 훨씬 좋다고 우겼고, 절에 다니던 친구들은 불교가 바르다고 주장했다. 답도 없는 역사 깊은 논쟁을 초등학생 수준의 말다툼으로 벌였고 결국 감정만 잔뜩 상했다.

덩치만 컸지, 성인이 되어서도 내가 선호하는 것만 옳다고 믿는 무의식 속 빙하를 질질 끌고 다녔다. 보고 듣고 경험한 것이 초록색이다 보니 솔직히 다른 색은 거들떠보지 않았다. 초록이 좋았고 초록이 옳았다. 자연스럽게 다른 색은 틀린 색, 나쁜

색이 되었다. 내 안에서의 색깔 논쟁이었다. 초록당의 대표선수 이소영.

농사를 지으며 자연을 깊숙이 들여다보았다. 여름철 쨍쨍한 햇빛 속에서 찬란하게 짙은 초록도 분명히 있지만, 그 잎은 가을이 되면 붉은색 노란색 갈색…. 다채로운 빛깔이 되었다. 초봄에는 다정한 연둣빛으로 빛났고 잎이 다 떨어진 겨울에는 나무 둥치와 가지가 가진 본연의 색깔이 청량한 날씨와 어우러졌다. 철마다 피어나는 꽃들은 빛깔도, 생긴 꼴도 같은 것 하나 없이 아름다운 다양성을 이루었다.

귀농 시절 먹거리에서 한 번 깨졌다. 나에게 올바른 먹거리의 가치는 참 소중했다. 그걸 은연중에 전파했던지, 가르치던 아이들이 체험학습을 갈 때 한살림이나 초록마을에서 파는 과자를 사 올 정도였다. 부끄러운 고백이지만 관행농으로 농사짓는 부모님의 과일을 마음으로 밀어내기도 했다. 좋은 환경에서 자란 유기농 농산물을 먹는 일은 소중하다고 생각한다. 하지만 소비의 관점을 넘어 생산자와 마을 공동체의 선순환을 생각했을 때, 먼 곳에서 건너온 유기농보다 같은 지역의 농부님이 농사지은 신선한 로컬 푸드가 더 큰 개념이었다. 모두 땅을 등지고 도시로 가는 지금, 60대가 청년회의 주 구성원이 되어버린 시골에 남아 농사짓는 분들의 마음과 정성을 먼저 떠올려야 했다. 그저 '유기농이 좋아'라고 외치던 좁은 시야를 줌아웃하며 더 큰 맥락을 살피게 되었다. 이후 어떤 음식을 맞이해도 감사하는 마음부터 생겼다.

육아에도 특별함이 있었다. 아이들은 무조건 자연에서, 흙에서 자라야만 잘 크는 거라고 주장했다. 나와 반대급부로 아이를 키우는 사람들을 은연중 무시했다. 겸손한 척 입 밖으로 꺼내진 않았지만 입 안 가득 충고하고 비판하고 평가했다. 자만심이 넘쳐흘렀다. 그 특별함이 족쇄가 되어 나를 좁은 감옥에 가둬버렸다. 발도르프와 자연주의로 완벽해져야 한다는 감옥.

인간은 신이 아니기에 생각처럼 완전할 수는 없다. 자연이 주는 평화와 온화함을 소중히 여기면서 아이에게 버럭버럭한 밤, 피곤함과 화가 섞여 온 힘을 다해 고성을 지른 날엔 잠자는 아이를 바라보며 눈물을 뚝뚝 흘렸다. 나는 이 정도구나, 이것밖에 안 되는구나. 자연주의고 뭐고 내가 쌓아온 모든 것이 녹아내리는 기분이었다. 내가 먼저 살아야 했다. 견고하게 쌓아 올린 특별함의 바벨탑을 무너뜨려야 했다.

특별하다는 믿음을 깨려고 노력했다. 부정적인 생각이 들 때 가만히 들여다보면 하나같이 내가 옳다는 신념이 자리 잡고 있었다. 한 뼘 더 들어가 깊숙한 뿌리에 닿으면 내가 쌓은 탑이 무너지는 순간 이 세상은 끝장난다는 두려움이 자리 잡고 있었다. 발버둥을 치며 흐느꼈다. 울 수 있을 만큼 실컷 울었다. 이 두려움은 내가 만들어낸 허상이고 실제가 아니라는 것을 알아차릴 때까지. 말개진 눈을 천천히 떴다. 원래부터 그 자리에 함께 있었던 빛이 나를 따뜻하게 감싸주었다. 완벽하지 않아도, 바르게 살지 않아도 나는 존재 자체로 충분한 사람이구나.

맑은 눈으로 사방을 보니 가정마다 사정이 있고 그들 또한 자신이 선호하는 방식대로 최선을 다해 정성껏 살고 있음이 보였다. 인구감소율 1위에 몇십 년 안에 인구절벽이 찾아온다는 한국 사회에서 아이를 하나라도 낳아 나름의 사랑으로 정성스럽게 키우는 가정들을 존중하고 응원을 보내기 시작했다. 내 무거운 몸 하나 일으켜 운동하고 공부하며 변화시키는 일도 힘든데, 겨우 세 치 혀로 남을 변화시킬 수 있을까. 불가능했다. 나는 나의 방법으로 그들은 그들의 방법대로 살아가고 나아가는 것이다.

여전히 나는 자연주의를 좋아하고 발도르프로 아이를 키우려고 한다. 건강한 땅에서 정성껏 수확한 먹거리를 좋아하고 최대한 신선한 음식을 먹고 아이들에게 먹이려 노력한다. 그것이 지금까지의 나다움이고 내가 좋아하는 영역이다. 이 색깔을 바꿀 계획은 아직 없다. 하지만 나에게도 남에게도 특별함의 기준을 들이대지 않고 그저 지금을 즐기고자 노력한다. 결국 발도르프 교육도 '사랑'에 닿는다. 그럴듯한 천사의 말이나 참지식과 믿음보다 소중한 사랑.

지금은 아이들에게 가끔 인스턴트 음식을 먹일 때 이 음식을 사 먹일 수 있는 조건에 감사하고, 아이들을 감정적으로 혼쭐낸 날은 너무 늦기 전에 사과하려고 노력한다. 남의 가정엔 왈가왈부 입댈 필요가 없다. 아이를 부담감 없이 만나고 사랑의 존재 자체로 바라보려고 노력하는 요즘이다.

손으로 만드는 눙불저럼 우리는 모두 반짝이는 존재

31
어쨌든 가정, 우리 가족의 오롯한 문화 챙기기

나는 친구에 목숨을 거는 편이었다. 마을에 3명 있었던 동갑 여자친구들과 어릴 때부터 잘 놀았다. 친구 세 명이 모이면 늘 그렇듯 사춘기가 시작되면서 둘씩 묶여서 지내기를 반복하며 관계맺기 연습을 지난하게 했다. 중고등학생 때는 말해 뭐하랴. MBTI 성격검사에서 E와 F가 묶여있기에 다양한 무리의 친구들과 어울렸고 다채로운 교우관계 속에서 중고등 시절을 보냈다. 잘 지내는 친구들은 곁에 있었지만, 환상의 절친은 세상 어딘가에 있을 거라 꿈꾸면서 마셔도 마셔도 친구에 목말라 했다.

친구에 대한 갈증은 아이에게 자연스럽게 투사되었다. 내 아이 친구 만들어주기가 양육의 큰 과제가 되었다. 인류 전체의 고민인지, 한국인 특유의 무리 짓기 본능인지 모르겠지만 많은 엄마가 '말띠 아이 친구를 찾습니다' 같은 제목으로 맘카페에 글을 올렸다. 이렇게 만나면 아이들은 또래끼리 반가워하며 잘 놀고 엄마들도 어른 사람과 잠시 대화를 나눌 수 있는 순기능이 있었다. 하지만 유아기 아이들은 자기중심적이라 장난감 분쟁 등 다툼이 자주 일어났고 북적거림은 산만함을 넘어서 가장 중요한 내 아이의 마음을 제대로 챙기지 못할 지경까지 이르기도 했다.

북적임은 누구를 위한 시간이었을까? 사람 좋아하는 나는 두 아이 키우며 아이 친구 가정과 많은 모임을 했다. 무수한 만남을 가지고서야 체득했다. 내 기준에서 아이도 어른도 즐거울 수 있는 모임의 규모는 세 가정 이내였다. 두 가정이면 더 좋았다. 내 아이를 우선으로 챙기면서 남의 아이와 어울릴 수 있도록 기꺼이 도울 수 있는 적정 수준은 그 정도였다. 실행해보면 적절한 '만큼'을 알게 된다. 결국 내린 결론은 내 친구나 잘 사귀자는 것. 나의 결핍을 아이에게 투사하지 말아야겠다 결심했다.

일을 시작하며 자연스레 아이 친구 엄마들과의 모임은 잦아들었고, 나는 천천히 내 세계를 확장해나갔다. 나에게 좋은 사람들을 곁에 두었고 그들과 긍정의 기운을 주고받았다. 저장해둔 에너지는 내 아이에게 오롯이 썼다. 초등학생 아이의 친구 관계를 걱정하는 부모님과 상담하며 많은 친구 없어도 충분히 행복한 삶을 살 수 있다고 안심시켜주시던 선배 선생님이 생각난다. 본인도 지금 친구 별로 없다고, 그래도 충분하다고 웃으며 덧붙이셨다. 그토록 많은 친구를 곁에 두고도 절친 찾아다니던 나도 학창 시절의 친구들을 자주 만나지 않는다. 가끔 연락이 닿으면 반갑고, 현재 나와 인연이 닿은 사람 위주로 한두 명 정도 깊이 있게 마음을 나눈다. 보기에 화려하고 거창한 만남보다 일상에서 이루어지는 작고 정다운 소통이 아이에겐 크게 닿으리라.

부모와의 관계가 충만하면 아이는 새 힘을 얻는다. 아이들이 어린이집 다녀와 잠자기 전까지의 시간을 '퀄리티 타임'으로 정하고 세상 하나뿐인 내 아이에게 집중하려고 노력했다. 바깥에서 같이 뛰어놀다가, 아이와 먹을 저녁을 만들어 느긋한 식사 시간을 가졌다. 편안한 저녁 시간을 보내며 낮 동안 살았던 이야기를 나누었다. 좋아하는 이야기를 들려주고 향기로운 오일로 마사지한 후에 잠자리에 들도록 했다. "엄마, 이 마사지는 평생 받고 싶어." 발바닥을 콩콩 치고 뼈마디를 부드럽게 꾹꾹 누르면 아이들은 세상 행복한 미소를 지었다.

매주 금요일 저녁은 온 가족의 힐링 시간이다. 지난 한 주간을 잘 보낸 우리에게 주는 선물 같은 시간. 온 가족이 좋아하는 특별요리를 준비해 맛있게 나눠 먹었다. "이번 주에 가장 좋았던 것은?" "가장 힘들었던 것은?" "박수받고 싶은 일이 있다면?" 몇 가지 질문을 정해두고 돌아가며 이야기를 나누었다. 나중에는 아이들이 사회자가 되어 질문을 던지기도 했다. 아이의 입에서는 가끔 보석 같은 말이 쏟아져나왔다. 이번 주에 가장 좋았던 일에 대해 '모든 순간'이라고 대답한 아이를 보며 가슴 뭉클함도 느꼈다. 어쩌면 제일 가까우면서도 익숙해서 마음을 나누는 대화를 패스하기도 하는 것이 가족이다. 간단한 질문이지만 이야기하며 마음을 나눌 수 있어 좋았다.

토요일은 영화 보는 날로 정했다. 네 식구가 돌아가며 그 주에 볼 영화를 선택하고 저녁 식사 후 시청했다. 아이들은 자신이 영화를 정하는 날을 특별히 좋아했다. 힐링의 시간이니만큼 특별한 간식을 잔뜩 준비했다. 어른과 아이의 취향을 골고루 반영하여 달콤하고 바삭바삭한 과자나 떡과 빵, 음료를 가득히 쌓아놓았다. 재미있는 영화를 보면서 맛있는 간식까지 함께 하는 시간은 아이들이 가장 좋아하는 시간이 되었다.

우리 가족만의 문화를 만들어가고 있다. 아이들은 엄마 닮아 친구를 무척 좋아하지만 쉼이 있는 우리만의 시간도 좋아한다. 정서 통장에 좋은 추억들을 차곡차곡 저축하고 있다. 오늘 하루 아이와 얼마나 안았는지, 칭찬과 공감과 놀이를 잘 챙겼는지가 주된 내용이다. 사랑한다는 말도 자주 한다. 가끔 혼나고 삐지고 화내는 지출이 있더라도 평소 쌓아둔 저축액이 많다면 절대 파산하지 않는 마음 부자가 될 것이다. 앞으로 다가올 사춘기를 대비한 자산이기도 하다. 가족과 오롯한 시간으로 성공하는 인생 투자를 꼭 하고 싶다.

금요일의 힐링 식탁

아이와 함께 별 종이 접는 오롯한 시간

239

가족과의 오롯한 시간을 채우는 발도르프 창문별 만들기

다채로운 색감과 은은한 비침을 자랑하는 발도르프 별 종이로 창문별을 접으며 가족과 따뜻한 시간을 만들어 보면 어떨까? 접는 방법이 간단하지만 결과물은 아름다워 큰 만족을 얻을 수 있다. 아름다움을 곁에 두는 습관을 통해 온 가족이 행복해질 것이다. 아이도 어른도 가장 쉽게 접는 방법을 소개해볼까 한다.

1. 15cm×15cm 별 종이를 커터칼로 8등분한다.(별 종이가 없으면 색종이로 해도 됨)

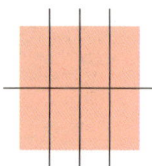

2. 여덟 색깔 2장씩 총 16장을 준비한다.

3. 작은 네모 조각을 세로로 반 접었다 펴서 선을 만들고, 그 선을 기준으로 위아래 2번씩 산 모양 접기를 해준다.

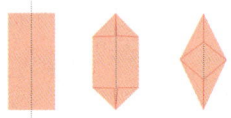

4. 뒤로 뒤집어 반쪽씩 겹쳐가며 풀칠하여 붙인다.

5. 16개의 조각을 모두 풀칠하여 붙이면 아름다운 발도르프 창문별 완성! 빛이 비치는 창문에 붙이면 아름다운 색깔의 향연을 볼 수 있다.

• 발도르프 별 종이를 살 수 있는 사이트(밀랍 크레용과 밀랍 클레이 등 다양한 발도르프 교육 용품을 판매하는 곳이기도 함)
프라나 www.prana.or.kr
아이라움가게 www.iraumshop.com

32
편안한 엄마를 꿈꾸며

아이가 자신의 삶을 잘 가꾸는 사람으로 자라나길 바란다. 몇 시간짜리 애씀으로 결론을 낼 수 있는 영역이라면 최고의 재료로 화려하게 장식하여 투입하겠지만 육아는 장기전이다. 100m 달리기의 전력질주보단 장거리 마라톤의 힘 빼기가 필요했다. 아이에게 무엇을 줄 수 있을까 고민하기 전에 주 양육자인 엄마의 에너지 분배가 우선이었다. 잠시라도 짬을 내 나 자신을 다정하게 돌보려 했다. 아이는 어른을 그대로 모방하는 존재이기 때문이다.

발도르프 자연육아로 사고, 감성, 의지를 기르는 양육을 하려고 마음을 쏟는 한편, 아이와 함께하는 나 자신의 사고, 감성, 의지도 조화롭게 배치하려고 노력했다. 내 몸에 좋은 것을 먹이고 책 읽기와 글쓰기, 운동으로 잠시나마 나를 돌보는 다정한 시간을 가졌다. 몸과 마음의 에너지가 소진되면 아이들에게 줄 수 있는 것은 화와 짜증뿐이었다. '척' 하는 태도는 금방 탄로 난다.

사람의 진정한 행복은 자기 자신이 한 뼘 더 자라날 때 느껴진다고 한다. 부모가 배움을 가져가는 태도를 아이는 침묵 속에서 배운다. 내가 새롭게 배운 것을 아이들과 편안하게 나누는 편이다. "엄마가 오늘 서울 가서 이 강의를 들었는데…." "이번 주에는 이 책을 읽었는데…." 보고 듣고 느낀 것들을 아이가 이해하는 수준에서 이야기하고, 배움의 기쁨을 고스란히 전하면 일고여덟 살 아이와도 마음이 닿는 대화를 나눌 수 있다.

발도르프로 아이를 키운다고 해서 엄청나게 헌신하고 희생한 건 아니었다. 오히려 반대였다. 사교육을 별도로 하지 않으니 그저 잘 놀도록 환경만 만들어주었고, 아이들 일어나고 잠자는 리듬만 만들어주면 가족 구성원 모두가 편안할 수 있었다. 먹을 것 제때 챙겨주고 물려받은 옷 깨끗이 빨아 입힌 게 다였다. 요즘 엄마들의 열심과 열정에 비하면 힘 빼는 육아의 진수가 아닐까 싶다.

오랫동안 다닌 부모교육 모임에서 육아 선배 한 분의 고백이 여태껏 뇌리에 남는다. 교사 출신이자 부모교육 전문가인 선배는 자기 아이를 당연히 잘 키울 거로 생각했단다. 그동안 읽은 교육 전공서는 몇십 권이며 심리학, 육아서는 몇백 권이었을까. 부모들 대상으로 상담하고 강연한 횟수는 또 얼마나 많았을까? 하지만 세상에 유일한 존재, 아이는 책의 이론과 같지 않았단다. 그로 인한 고민과 고통의 나날이 시작되었고, 결국 좋은 엄마 말고 편안한 엄마 하자며 전공서를 모두 불태웠다고 했다. 책과 이론이 아닌, 세상 유일한 자아와 개인성을 가진 자기 아이와 눈을 맞추고 아이의 이야기를 충분히 듣기 시작했다고 했다. 그때부터 아이와의 관계가 자연스럽게 풀렸다고 고백했다.

부담되지 않는 선에서 아이와 알콩달콩 노는 것을 좋아한다. 내 아이들의 성향에 맞게 말이다. 내가 완벽한 전문가가 되어야 아이들과 잘 지낼 수 있는 것은 아니다. 지금 내가 가진 철학으로 요만큼씩 실행해보고 있다. 둘 다 재미있으면 쭉 가는 것이고 우리 스타일이 아니면 해봤다는 것에 만족한다. 어떤 경우에도 아이는 자기 몫의 카르마로 잘 살아가리라 믿는다.

강력한 인연 덕분에 부모와 자식으로 만났다. 20여 년의 레이스 중 어느새 10여 년이 흘렀으니, 세월은 참으로 빠르다. 아이와 한 몸이 되어 뛰어놀고 뒹굴던 때가 있었고, 아이가 자신의 세계를 조금씩 만들어가는 것을 지켜보는 중이며, 독립된 개체로 제 삶을 주장하는 시간도 다가올 것이다. 각 시절에 맞게 내 할 바를 정성껏 해주고 싶다. 그와 동시에 아이에게 물려주고 싶은 것은 자신을 사랑하고 가꾸는 태도이다. 아이가 자신의 세계를 만들고 자신의 미래를 향해 떠나는 과정에 맞추어, 나도 내 몫의 삶을 꾸준히 이어가고 확장하고 펼쳐나갈 것이다.

채워지지 않은 사람은 허증에 시달린다. 나의 것이 충만하게 차야 넘쳐흐를 수 있다. 엄마인 내가 세상을 진실하게 바라보고 있는가, 주변을 선하게 대하는가, 삶을 아름답게 펼쳐가는가의 모습이 선한 영향력이 되어 아이 내면의 진선미에 영향을 줄 것이다. 아이를 키우며 글을 쓰는 이 시간도 나를 채워가는 부단한 걸음이다. 이번 생애, 엄마표 발도르프 자연육아로 부담스러운 힘은 빼고 아이도, 엄마도 모두 행복한 시간으로 가꾸어나가고 있다. 그 곁에 아름다운 자연이 함께 한다면 더할 나위 없을 것이다.

힘을 빼는 북아를 위한 집 옆 산책길

나를 채우는 작업공간

[에필로그]

'내가 발도르프를 참 사랑했구나.'

글을 쓰면서 젊은 시절부터 빠져있던 이 영역에 새삼스레 애정이 샘솟았다. 긴 시간 만나 너무 익숙하기에 때로는 무감각하게 느껴지기도 하는 오래된 연인을 벗어나 발도르프에 대한 풋풋한 첫사랑을 진하게 느꼈다.

사랑하면 거리가 우습다. 대구에서 서울 교생실습지로 이동했고, 광명역에서 KTX 타고 부산으로 발도르프를 배우러 다녔으며, 한때 꿈꾸던 독일 유학을 위해 퇴근 후 경기도 외곽도시에서 서울의 독일문화원으로 한 시간 반이나 지하철 타고 독일어 배우러 갔다가 자정이 넘어 돌아오곤 했다.

사랑하면 용기가 샘솟는다. 일면식도 없던 유학 중인 선생님께 메일을 보냈고, 안정적인 교사직 사표를 던졌다. 이십 대 젊은 나이에 대자연 속으로 귀농을 감행했고, 박봉의 대안학교에서 밤늦도록 일했다.

사랑하면 열정이 생긴다. 아이 키우는 것만으로도 바쁜 육아 일상에서 발도르프에서 배운 것들을 하나둘 실천했고, 미흡하나마 SNS를 통해 기록해나갔다. 이른 새벽과 육퇴(육아퇴근의 줄임말) 후에 교육 서적을 읽었고 주변 사람들과 좋은 가치를 나누었다. 인지학이 주는 인생의 깨우침과 감동이 좋았고, 발도르프 교육예술의 아름다움에 푹 빠져들었다.

삶 속에 열심히 심어놓은 씨앗은 결국 싹이 튼다. 의무가 아닌 진짜 좋아하는 작업은 더더욱 그러하다. 내 아이들과 발도르프로 한바탕 놀아봤다. 그래서 아이가 공부도 잘하고 말 잘 듣고 훌륭하게 자랐냐고? 글쎄, 이제 열 살 가까이 되는 어린이를 두고 굳이 꽃과 열매를 논하고 싶진 않다.

'결과가 아닌 과정, 미래가 아닌 지금, 정답이 아닌 태도'를 이야기하고 싶다.

우리는 아름다움을 추구하며 살아가는 중이고, 지금 여기에서 행복하려 애쓰며, 부지런히 삶을 가꾸는 태도를 이어가고 있다. 그 옛날 도시 짐 정리해서 시골 내려갈 때 느낀 충만함 그대로, 양평 산골짜기 발도르프 학교 찾아오던 설렘 그대로, 뱃속에 찾아온 두 아이를 차례차례 만난 기쁨 그대로, 지금도 하루하루가 충분하고, 아이들은 있는 모습 그대로 사랑스럽다. 이거면 됐다. 발도르프 자연육아로 많이 웃었다면 된 거다.

이 아이들이 앞으로 살아갈 세상은 예측 불허다. 우리가 알았던 수많은 직장이 사라지고 인공지능이 주를 이루며 메타버스라는 가상세계도 실현된다고 한다. 7년 주기로 성장해가는 인생길에 100세 시대는 어떤 의미로 펼쳐질까? 다채로운 상황에서도 인간답게 살아가면 좋겠다. 손에 잡히는 것만 강조되는 세상에서, 물질과 마음과 정신이 조화로운 삶을 펼치길 바란다. 아이들도 나도 우리 모두 함께.

끝으로 프로 시골러로 길러주신 부모님과 사랑하는 가족들, 부족한 초임 교사를 사랑으로 만나준 안산 삼일초등학교 도움반 학생들과 학부모님, 한참 후배의 부족한 편지에도 정성껏 답해주시며 결국 같은 발도르프 학교에서 만난 캠프힐마을 김은영 대표님, 하고 싶은 교육 마음껏 펼치며 발도르프 교사의 호시절을 함께 보낸 양평 슈타이너학교 동지들, 이십 대 생짜 날 인간의 참모습을 마음껏 실험할 수 있었던 풀무학교 전공부와 홍성 풀무골의 벗들, 자연주의 출산을 도와주시고 지금은 우리 집 주치의가 되어주신 류정미 원장님, '샨티 너는 이 모습 그대로 다시 만나자'라며 엄마인 나를 성장하도록 격려해준 언니공동체 오소희 작가님, 쓰고 기록하는 삶을 응원해 준 우디앤마마 유지연 님과 엄마 작가연대, 확장된 가족으로 아이들을 돌봐주신 양평 숲속나무어린이집 선생님들, 육아하며 마을에서 소통한 엄마들, 밝놀프로젝트로 만난 가정들과 발도르프 자연육아 책 모임 식구들, 시절 인연으로 스친 모든 이에게 감사한 마음을 가득 전한다.

부모 되는 철학 시리즈

"함께 나누는 행복 이야기"

부모가 된다는 것은 지구상에서 가장 힘들고 어렵다. 동시에 가장 중요한 일이기도 하다.
'부모되는 철학 시리즈'는 아이의 올바른 성장을 돕는 교육 가치관을 정립하고 행복한 가정을 만들어 가는 데 긍정적인 역할을 할 것이다. 부모가 행복해야 아이들도 행복하다. 행복한 아이와 행복한 부모, 나아가 행복한 가정 속에 미래를 꿈꾸며 성장시키는 것이 부모되는 철학의 힘이다.

서울특별시 마포구 토정로 222, 한국출판콘텐츠센터 401호 T.02-323-5609

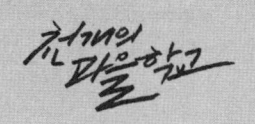

대안적 삶과 교육을 지향하는 마을학교

당신은 지금 무엇을 배우고 싶나요? 살면서 나누고 배우고 익히는 취향과 경험을 팝니다. 〈천개의마을학교〉에서는 누구에게나 학습과 출판의 기회가 있습니다. 배운 것을 나누며 만들어진 결과물을 책으로 엮어 세상에 내놓습니다.

취향과 경험을 팝니다

책을 읽은 사람들은 마을학교의 또 다른 학생이자 교장이 되어 다양한 학교를 세우겠지요. 이러한 선순환을 계속 만드는 것이 우리의 궁극적인 목표입니다. 〈천개의마을학교〉가 배운 것을 서로 나누고 함께 성장할 수 있는 공간이 되길 희망합니다.

천개의마을학교에서 열린 마을학교들

〈서평학교〉, 〈에세이학교〉, 〈썰래발학교〉, 〈실록읽어주는학교〉,
〈자기역사쓰기학교〉, 〈시학교〉, 〈낭독학교〉, 〈식물다큐학교〉,
〈기적의 메모학교〉, 〈이혼학교〉, 〈손편지학교〉, 〈딱세줄글쓰기학교〉,
〈퇴직100일전준비학교〉, 〈40대퇴직준비학교〉 등

 서울특별시 마포구 토정로 222, 한국출판콘텐츠센터 401호 T.02-323-5609

유네스코 세계교육장관회의에서
'21세기 교육 모델'로 선정한 발도르프 교육

"일상을 예술로" 바꾸는
육아의 지혜를 찾아서

부모되는 철학시리즈 04

아이 발달을 존중하는 육아
육아의 황금 원칙 '함께하기'와 '홀로서기'
'아빠 육아'의 함정
어른의 어법과 말투가 아이를 짜증 나게 합니다

내 아이를 위한 보호막은 안전한가
모빌은 아이 발달에 도움이 될까요?
외출이 잦은 아이들의 특성
의지 발달을 가로막는 운동 보조기구

상상력과 언어 발달을 위한 조언
화려한 동화책이 상상력을 방해합니다
모국어 안착과 내적 안정감
'디지털 치매'에 노출된 아이들

건강한 몸과 마음을 가꾸는 지혜
영유아 권장 음식 vs 금기 음식
유아기 성교육은 어떻게 해야 할까요?
이가 흔들리면 마음이 흔들린다?

일찍 출발하면 먼저 도착할까
영어 조기교육의 부메랑
私교육이 死교육된다
만 7세 아이의 '이유 있는' 짜증 대처법

서울 마포구 토정로 222(신수동 한국출판콘텐츠센터 401호) | 전화 02-323-5609·070-8836-8837